TOWARZYSZKA

Projekt graficzny
FRYCZ I WICHA

Zdjęcie na okładce i zdjęcia wewnętrzne
Prywatne archiwum Moniki Jaruzelskiej

Redaktor
Sylwia Frołow, Violetta Ozminkowski

Redaktor prowadzący
Katarzyna Litwińczuk

Korekta
Weronika Girys-Czagowiec, Mirosława Jasińska-Nowacka

Skład
Tomasz Erbel

Wydawca
Czerwone i Czarne sp. z o.o.
Rynek Starego Miasta 5/7 m. 5
00-272 Warszawa

Druk i oprawa
Toruńskie Zakłady Graficzne
„Zapolex" Sp. z o. o.
ul. gen. Sowińskiego 2/4
87-100 Toruń

Wyłączny dystrybutor
Firma Księgarska Olesiejuk
Spółka z ograniczoną odpowiedzialnością S.K.A.
ul. Poznańska 91
05-850 Ożarów Mazowiecki

ISBN 978-83-7700-124-0

Warszawa 2013

Książkę wydrukowano na papierze Creamy 80 g. vol 2.0
dostarczonym przez Zing sp. z o.o.

zing

www.zing.com.pl

TOWARZYSZKA PANIENKA

Monika Jaruzelska

Warszawa 2013

SZAFA

Kiedy byłam mała, lubiłam wchodzić do szafy. Czasem siedziałam w niej z tęsknoty za mamą, która wsiadała do seledynowej wołgi i znikała na najdłuższe godziny świata. Wchodziłam do jej szafy, aby czuć zapach jej perfum. Czasem chowałam się też do swojej szafy – dla zabawy, bo była świetną kryjówką. Ciemność w szafie, pośród tych miękkich rzeczy, dawała poczucie bezpieczeństwa i była doskonałym miejscem strategicznym. Oczywiście Freud wytłumaczyłby to potrzebą powrotu do okresu płodowego, kiedy było ciepło, miękko i bez świadomości zła czyhającego na człowieka poza łonem matki.

Można powiedzieć, że w symboliczny sposób, wchodząc w dorosłe życie, znowu weszłam do szafy. Tym razem do wielkiej szafy – garderoby, którą jest świat mody. Życie w tej garderobie było ucieczką od polityki i tego wszystkiego, co wiązało się z przeszłością. Tu wyrobiłam sobie pozycję, tu zarabiałam na życie i na własne nazwisko.

Zawsze jednak czułam, że nadejdzie taki moment, kiedy będę chciała szafę wreszcie opuścić. W tym roku kończę pięćdziesiąt lat. A ta książka jest moim wyjściem z szafy.

Nie ma w niej etosu ani patosu. Każdy, kto spodziewa się glorykacji czy też politycznych uzasadnień, do których winna być zobowiązana córka komunistycznego dyktatora, może poczuć się rozczarowany. To jest opowieść o normalnej rodzinie, choć uwikłanej historycznie. Napisana z perspektywy najpierw dziecka, potem dziewczyny, a na końcu dojrzałej kobiety. Z dystansem i ironią, choć bardzo szczerze. Ale nie w formie ciągłej narracji, jak to zwykle bywa w przypadku biografii. Opowieść ta składa się z zapisków chwil, które są jak puzzle. Każdy kawałek to scenka w określonym kolorze. Jeden element jest jasny i radosny, bo dotyczy fragmentu życia, który był właśnie taki, inny będzie smutny i ciemny. Za każdym razem, kiedy myślę o układaniu wspomnień puzzli, łapię się na tym, że im dalej jestem od swojego dzieciństwa, tym staje mi się ono bliższe.

ŻOŁNIERZ I DZIEWCZYNKA

Mam pięć lat, nie więcej. Moje nogi są jeszcze zbyt krótkie, żeby się zginać na tylnym siedzeniu samochodu, którym wiozą mnie kierowca i adiutant ojca. Jest koniec lat sześćdziesiątych, ojciec jako minister obrony ma siedzibę na Klonowej. Kiedy wejdzie się do niego, najpierw wielkimi drewnianymi schodami, potem korytarzem do gabinetu, można pobawić się niszczarką do papieru.

Adiutant ojca przyjechał właśnie do domu, żeby zabrać jakieś papiery i przy okazji zawieźć mnie służbowym samochodem do kina. W MON jest sala kinowa, co sobota dla dzieci pracowników puszczane są tam filmy, na przykład poszerzona wersja *Bolka i Lolka*.

Podjeżdżamy pod bramę ministerstwa. Wyprężony niczym struna żołnierz salutuje. Nie wie, kto jedzie tym czarnym mercedesem, myśli może, że minister. Nie salutuje przecież małej dziewczynce.

Nie pierwszy raz widziałam wtedy salutującego żołnierza. Ale po raz pierwszy tak mocno, niemal organicznie poczułam, że jest coś szczególnego w moim położeniu.

Dwa smutasy. *Wiosna, 1965 r.*

BABCIA

Babcia Helena była osobą bardzo cierpliwą. Ponieważ należałam do gatunku dzieci chorowitych, jeść chciałam wyłącznie barszczyk zabielany, to babcia cierpliwie przecierała mi pożywienie. Karmiła łyżką i biegała za mną po parku z przetartym jabłkiem. Bywało, że próbowałam ją oszukać. Kiedy karmiła mnie w moim pokoju, wolno przeżuwałam i językiem przenosiłam zawartość z jednej strony ust na drugą. A kiedy znikała na chwilę, wypluwałam wszystko za wersalkę, co oczywiście wychodziło na jaw podczas sprzątania.

Historia niejadka powtarzała się w rodzinie z pokolenia na pokolenie, bo i mama była niejadkiem, i tata. Ojciec lubił opowiadać swoją historię z dzieciństwa, która dzisiaj mnie jako osobę dorosłą i matkę przeraża szczególnie. Był wychowywany w sposób tradycyjny, to znaczy – rygorystyczny. Nie mógł wstać od posiłku, póki nie zjadł. Dlatego zdarzało się, że kiedy reszta domowników przychodziła na obiad, to mały Wojtuś siedział jeszcze przy śniadaniu. Ojciec zawsze dawał mi to za przykład dobrego wychowania i trzymania dyscypliny. Na szczęście nigdy wobec mnie nie stosował tych metod. Zwracał tylko uwagę mamie: „Basiu, zobacz, jak ona je!". Na co mama lub babcia odzywała się: „Niech je nawet nogami, byleby jadła".

Babcia była cierpliwa, co nie oznacza, żeby specjalnie się miała nade mną rozczulać. Ale w tych wszystkich zabiegach z dokarmianiem wykazywała szczególną wytrwałość. Tym różniła się od mamy, która miała dziecko, lecz nie obnosiła się zbytnio z instynktem macierzyńskim. Jak sama mówiła – wolała mieć syna. Ojciec z kolei twierdził, że wolał mieć córkę.

Babcia z nami nie mieszkała. Przyjeżdżała do nas, nocowała albo zabierała mnie na wyjazdy. Głównie do Kościeliska koło Zakopanego. Dlatego góry kojarzą mi się z babcią. Do tej pory jeżdżę co roku do Zakopanego. Kiedy słyszę góralską muzykę i gwarę, wiem, że jestem u siebie. Podobnie jak żona Iwaszkiewicza przed śmiercią chcę jeszcze na Giewont popatrzeć.

Do karmienia mnie babcia zakładała odzież ochronną, *czyli biały kitel. Nigdy nie było wiadomo, kiedy zacznę pluć lub wymiotować*

CHRZEST

Jako trzyletnie dziecko podczas pobytu w Kościelisku zostałam zaprowadzona przez babcię do miejsca, gdzie było ciemno, czułam specyficzną woń i miałam mokrą głowę. Pamiętam jeszcze, że krzyczałam i się wyrywałam. Potem pytałam, gdzie byłyśmy, a babcia powiedziała, że u fryzjera. Gdy w odwiedziny przyjechali rodzice, opowiedziałam im, że byłam z babcią u fryzjera, a fryzjer miał długą czarną sukienkę, polewał mi głowę wodą i tak dziwnie pachniało.

Mieszkaliśmy w starym dworku góralskim, który kiedyś należał do rodziny Marii Skłodowskiej-Curie, a po wojnie był częścią WDW[1]. Tam była na parterze altana, gdzie trzymało się w zastępstwie lodówki jedzenie. Babcia zawsze dużo paliła, jej papierosy nazywały się Płaskie. I zachowałam w pamięci taki obrazek: babcia stoi w tej altanie, paląc papierosy z niejaką Luśką Parową, która tym domem się zajmowała i przyjaźniła z babcią. Akurat weszłam, kiedy babcia mówiła dość konspiracyjnym tonem do Luśki: „Wojtek mi nogi z dupy powyrywa, wszystko ta mała wygadała...". Wiedziałam, że to o mnie, tyle że

[1] Wojskowy Dom Wypoczynkowy.

nie miałam pojęcia, co też mogłam wygadać. A oczami wyobraźni widziałam ojca wyrywającego babci nogi... I to przeze mnie!

Jako dużo starsza dopiero uświadomiłam sobie, że babcia w tajemnicy mnie ochrzciła i że rodzice się o tym dowiedzieli, choć tematu nigdy nie poruszyli. Do chwili, gdy pojawił się na świecie Gustaw.

Ojciec mówi, że dzwonią do niego księża, nawet biskup, i sugerują: „Panie generale, ma pan wnuka, gdyby córka chciała, gdyby pan chciał, możemy ochrzcić". Trochę podchodzimy w domu do sprawy anegdotycznie, ja się zastanawiam. Kolejny raz ktoś dzwoni z propozycją. Ale ojciec tłumaczy, że córka jest niewierząca, nie ma ślubu, jest feministką, nawet nie była ochrzczona. Ja na to, że byłam ochrzczona. Rodzice patrzą zaskoczeni. Okazuje się, że o niczym nie wiedzą. „Jak to?" – pytam. „Przecież babcia bała się, że jej ojciec nogi z dupy powyrywa...". Okazało się, że faktycznie dziecko coś tam mówiło o fryzjerze na czarno, jednak nie potraktowali tego poważnie.

Babcia od lat nie żyje. Ale żyje Luśka i mama zadzwoniła do niej. Luśka Parowa razem z córką Beatą i nowym proboszczem, bo stary już nie żył, siedli do ksiąg parafialnych i odszukali. Ochrzczono mnie pod nazwiskiem panieńskim babci, chrzestną była Luśka, ojcem chrzestnym kościelny. Ksiądz „detektyw", przekazując nam wiadomość, zaproponował, że chętnie Gucia ochrzci.

Pomyślałam, że co prawda jestem niewierząca, ale cała rodzina ojca była bardzo religijna. I że chrzest Gucia w tym samym ślicznym kościółku góralskim mógłby być hołdem złożonym babci. W ten sposób Gucio jako trzylatek poszedł... do fryzjera. I było wzruszająco i pięknie. Mamą chrzestną została moja przyjaciółka Monika Janowska, żona Andrzeja Mleczki, który też uczestniczył w ceremonii. Ojcem chrzestnym był Artur Nowakowski, wieloletni kolega i dawna sympatia (tego dnia odbył się również chrzest jego córki Marii). Ksiądz, który odnalazł mój akt chrztu, był wtedy chory, lecz przysłał swego kolegę z Krakowa. Było to pod koniec sierpnia, a więc w tym czasie co moja tajemna ceremonia, tyle że czterdzieści lat później. Ksiądz taktownie mówił do Gucia: „Teraz przyjmujemy cię do wspólnoty chrześcijańskiej, a reszta jest twoim wolnym wyborem". Mówił również, co szczególnie mnie wzruszyło, że kiedy człowiek płynie po oceanie i woda jest spokojna, można rozkoszować się samotnością. Natomiast w momencie, kiedy zaczyna się sztorm, potrzebni człowiekowi są inni, którzy wyciągną pomocną dłoń – i tym powinna być wspólnota chrześcijańska. Gdyby więcej było takich księży, być może dzisiaj Kościół nie borykałby się z kryzysem wiary.

Wychodziliśmy z kościółka o zachodzie słońca. W oddali piętrzył się Giewont, na tle którego robiliśmy sobie zdjęcia – na tych górskich łąkach, zdecydowanie bliżej nieba... Nawet Andrzej Mleczko ze swoją brodą i świetlistym czołem wyglądał jak święty w aureoli.

Chciałam, by Gustaw uwierzył. Z wiarą łatwiej się żyje – mówię to z pełnym przekonaniem osoby niewierzącej. Wiedziałam, że nie mogę mu nic narzucać, ale miałam takie ciche pragnienie. Nie spełniło się. Podczas pierwszej rozmowy o religii poszliśmy do mojej babci na grób. Opowiadałam mu, jak wiele jej zawdzięczam. Był piękny dzień, Stare Powązki, spacer na cmentarz. Położyliśmy kwiaty na grobie, zapaliliśmy świeczki i powoli wracamy. On nagle mówi, że przecież mieliśmy przyjść do babci, a jej nie ma. Zaczynam tłumaczyć, że różnie ludzie wierzą, że dla większości w Polsce, kiedy człowiek umiera, to idzie do nieba. Ale są i tacy, którzy wierzą, że jak człowiek umiera, to rodzi się w innej postaci, równie dobrze może odrodzić się w ciele zwierzęcia. A dla niektórych śmierć jest kresem wszystkiego. Sama natomiast uważam, że człowiek żyje, bo jego komórki są przekazywane następnym pokoleniom, i w ten sposób staje się nieśmiertelny. A on mówi, że nic nie ma.

Dwa lata temu, tuż przed zaśnięciem, powiedział: „Dziadek potrzebował aż wojny, żeby przestać wierzyć w Boga. A ja się urodziłem i od razu wiedziałem, że to nieprawda". Bo Gustaw to pragmatyk do szpiku kości.

W szkole nie chciał pójść na religię. Namawiałam go, mówiłam, że to jest rodzaj wiedzy, uczy zdolności odróżniania dobra od zła. Odpowiedział, że nie potrzebuje religii, aby to wiedzieć.

KOŚCIELISKO

Ten dworek góralski był dla mnie chyba najważniejszym domem dzieciństwa, w którym spędzałam długie miesiące w różnych porach roku. Nawet ta scena z babcią palącą w altanie mocno przynależy do pamięci dziecięcego świata po góralsku.

O samym dworku mówiło się, że jest nawiedzony. Bo swego czasu mieszkał w nim chorujący na gruźlicę ojciec z córką. Według legendy córka zakochała się w kimś, popełniła samobójstwo i jej duch wciąż krążył po domu. Dworek był stary, drewniany, więc deski się rozsychały. Zwłaszcza podczas zmiany pogody robiły się naprężenia. Słychać było jakby kroki na schodach. Ale ja się nie bałam.

Były i przyjaźnie – z synem Luśki Parowej, Ryśkiem, młodszym ode mnie parę miesięcy, i z jego kolegami, małymi góralami, z którymi mogłam powygłupiać się i robić rzeczy zakazane. W zimie wspólnie jeździliśmy na nartach lub sankach. Latem pewnego razu wybuchła afera, bo z Ryśkiem najedliśmy się cementu. W dworku miała być poprawiana podmurówka, przywieziono więc worek cementu. Zauważyliśmy, że wysypuje się z niego taki fajny miękki pył. Braliśmy go do buzi i pluliśmy, bo zmieszany ze śliną przemieniał się w tężejące kluski. Posypywaliśmy sobie nim również włosy. Pamiętam przerażenie babci i Luśki Parowej, co teraz zrobić z naszymi włosami. A pod koniec podstawówki wykurzyłam z Ryśkiem pierwszego papierosa.

Chłopcy góralscy byli dla mnie taką kwintesencją męskości. Choćby sam Rysiek – prawdziwy mały harnaś. Kiedy miał pięć lat, dostał od matki lanie. Ja nie byłam ani świadkiem lania, ani tego, co stało się potem. Ale pamiętam, że Luśka opowiadała o tym zajściu babci, śmiejąc się swym zaraźliwym śmiechem do łez. W dzisiejszych czasach pewnie inaczej byśmy to odczytali. Otóż ten pięciolatek poszedł do drewutni, wziął siekierę i przyszedł oświadczyć matce: „A ja cię teraz zabiję!".

Polskie Tatry to smaki i zapachy mojego dzieciństwa, i sentyment, który każe mi tu wciąż wracać. Choć Zakopane zmieniło się zdecydowanie – jak okiem sięgnąć McDonaldy i pizzerie, a na Krupówkach do zdjęcia pozują nie tylko białe niedźwiedzie, pojawiają się nawet Darth Vader i Chewbacca z *Gwiezdnych wojen*. Wyciągi zamykają, halny wieje... Parę razy zbuntowałam się i wyjechałam w Alpy. Tam warunki na stokach zdecydowanie lepsze. Tylko co z tego, kiedy zaczęła ogarniać mnie tęsknota. Ani kwaśnicy, ani muzyki góralskiej, ani tej specyficznej gwary. Wróciłam do Zakopanego, gdzie jednak swojsko. Gdzie mimo serwowania hamburgerów i pizzy wciąż mogę odnaleźć dawne klimaty z powieści Choromańskiego i piosenek Młynarskiego.

Kiedy byłam małym chłopcem. *Nie chciałam „dziewczyńskiego" stroju. W harnasiowym ubraniu chodziłam również w Warszawie. Gubałówka, Zakopane 1967 r.*

Jak piewca Tatr Kazimierz Przerwa-Tetmajer będę powtarzać, że „wolę polskie gówno w polu niż fiołki w Neapolu".

WYROSTEK

Gdy miałam cztery lata i jak zwykle spędzałam okres zimowo-wiosenny z babcią w Kościelisku, zaczął mnie nagle boleć brzuch i dostałam wysokiej gorączki. Przyszedł doktor, wymacał okolice pępka i prawie krzyknął: „Twardy brzuch! Natychmiast do szpitala!”.

Błyskawicznie znalazłam się w Zakopanem na oddziale chirurgii dziecięcej. Bardzo miła i ładna siostra powiedziała, że zaraz będę miała zdjęcie u fotografa, gdzie jest taka wielka lampa. Pomimo wcześniejszej wizyty u „fryzjera w czarnej sukience” bez protestu dałam się zawieźć na salę operacyjną. Na miejscu było już gorzej. Ładna siostra założyła sobie zieloną maskę na twarz, obok niej stali inni, również zamaskowani. Widziałam tylko oczy, intensywnie wpatrujące się we mnie. No i tę oślepiającą lampę. Jeden z zamaskowanych usiłował zrobić mi zastrzyk. Czyjeś ręce zbliżały się do mojej twarzy, zobaczyłam jakąś maskę wydzielającą z siebie ostrą woń. Zaczęłam się drzeć i wyrywać, aż usłyszałam: „Zamknijżesz mordę, przeklęty bachorze...”. Dalej nic nie pamiętam.

Kilka dni później przyleciał helikopterem wojskowym ojciec, bo wizytował na południu Polski jakąś jednostkę, i przyszedł mnie odwiedzić. Nie roz-

Po witaminowej „kuracji”. *Znowu wolno mi było biegać. Kościelisko, 1967 r.*

mawiał jednak ze mną, tylko dziękował personelowi. W pewnym momencie rozpoznałam głos lekarza, który kazał mi się zamknąć. Chociaż potem, kiedy wybudziłam się z narkozy, był już bardzo miły i wesoły, to z zazdrości, że ojciec rozmawia z nim, a nie ze mną, powiedziałam: „Tato, a ten pan kazał mi zamknąć mordę!". Na nic się zdała moja sprytna konfidencja. Lekarz pogłaskał mnie po głowie, a ojciec nadal wychwalał czystość na szpitalnym oddziale, nie słysząc wcale tego, co mówiłam.

Po powrocie do dworku nie wolno było mi biegać, nawet po zdjęciu szwów. Bardzo chciałam iść do chłopaków na górki, ale babcia nie pozwalała. Wtedy, nie wiem, czy w ramach protestu, czy po to, aby szybciej dojść do zdrowia, w każdym razie połknęłam kilka żółtych tabletek. Po chwili w drzwiach wejściowych pojawili się Rysiek z Luśką, którzy przyszli mnie odwiedzić. Powiedziałam babci, że połknęłam jakieś tabletki, co oczywiście wywołało natychmiastowy atak paniki. Krótki na szczęście, ponieważ babcia z Luśką szybko się zorientowały, o które tabletki szło. Zaśmiały się z ulgą – to były witaminy.

Chyba pomogły, już kilka dni później wolno mi było biegać.

RODZICE

Moi rodzice – trudno wyobrazić sobie parę, która by bardziej do siebie nie pasowała. Dwa różne temperamenty, dwa różne spojrzenia na świat, dwie filozofie życia codziennego.

Poznali się na konkursie chopinowskim. To było w latach pięćdziesiątych. Tata wojskowy, ale z wrażliwością na sztukę, przyszedł na konkurs z kolegą Adamem Wiernikiem[2], który był dyrektorem artystycznym Centralnego Zespołu Pieśni i Tańca Wojska Polskiego. A mama była po szkole baletowej i tańczyła w tym właśnie zespole. Na konkurs przyszła w swoim towarzystwie. Był tłok, brakowało miejsc, mama siedziała „półgębkiem" na jakimś dostawianym krzesełku. Tata ją zobaczył i mówi do Adama: „Zobacz, taka piękna dziewczyna, a nie ma miejsca...". Na to Wiernik, że przecież to Basia. Znał ją z zespołu. Mama została zaproszona do ich loży.

Później rodzice zostali sąsiadami państwa Wierników – Adama i jego żony Simy.

---

[2] Adam Wiernik – kompozytor i skrzypek, podczas II wojny światowej grał w słynnym w ZSRR zespole Ediego Rosnera. Po wojnie zorganizował w Krakowie Orkiestrę i Chór Radiowy, a w Warszawie został dyrektorem artystycznym Centralnego Zespołu Pieśni i Tańca Wojska Polskiego, był też kierownikiem muzycznym festiwali w Sopocie i Opolu. W 1969 roku, po antysemickich nagonkach, wyemigrował do Szwecji.

Zakochana para: Wojciech i Barbara.
USC, 1 grudnia 1960 r.

Królowa jest tylko jedna.
Mama. Koniec lat pięćdziesiątych

MATKA KRÓLOWA

Mama to ekstrawertyczka, osoba dominująca, narcystyczna, jako była tancerka również postać niezwykle kolorowa. Dla mnie może nawet za bardzo. Piękna, zawsze wyraziście ubrana i mocno umalowana. Pochodziła z mieszczańskiej rodziny, która posiadała restaurację i kamienicę w Lublinie. Z domu wyniosła naturalną potrzebę życia w luksusie, który kojarzył się jej z przedwojennymi perfumami babci marki Guerlain.

Kiedy byłam mała, wiedziałam, że to wyjątkowo atrakcyjna kobieta. Chociaż z jej kobiecością nigdy się nie identyfikowałam. Mnie zawsze zależało na identyfikacji z chłopięcą częścią świata.

Królowa jest tylko jedna, i to była mama – zdecydowanie. Babcia była ważną osobą w moim życiu, ale babcia też patrzyła w mamę niczym w obrazek.

Królowa miała silną osobowość i nigdy nie bała się wyrażać swojego zdania. Niejednokrotnie w kontrze do zdania ojca, i to ostentacyjnie. Realizowała się zawodowo, zrobiła doktorat z germanistyki, czym wyróżniała się na tle grupy pań generałowych. Powtarzała, że kobieta musi mieć własne pieniądze i niezależną pozycję. Bywało, że reagowała, gdy ktoś zwracał się do niej per „pani generałowo". Odpowiadała: „Mam swój tytuł".

Z pewnością potrzebę niezależności jako kobieta w dużym stopniu odziedziczyłam po mamie.

OJCIEC ASCETA

Zawsze miałam poczucie, że oprócz krótkich chwil ojciec jest trochę nieobecny. Jakby stale przygnębiony i zamknięty w swoim świecie. Najczęściej to był świat papierów, ważnych dokumentów i gazet wertowanych w gabinecie. Jako dziecko odczuwałam bardzo wyraźnie, że to one odgradzają mnie od ojca. Chyba nigdy nie cieszył się życiem, jego drobnymi przyjemnościami. Zawsze praca i polityka przez duże „P" na pierwszym planie. Dlatego nawet podczas wakacji miałam wrażenie, że jest jakimś obcym elementem – na siłę wyjętym z tego oficjalnego świata polityki. Poukładany na co dzień, systematyczny i obowiązkowy (choć w domu miękki wobec swoich kobiet), nawet w trakcie letnich wyjazdów nie potrafił dać na luz. I wciąż mnie oceniał. Bo wszystko w jego pojęciu winno zmierzać do perfekcji.

W przeciwieństwie do mamy i babci nigdy nie przywiązywał wagi do pieniędzy. Wręcz uważał, że w złym tonie jest posiadać pieniądze, a już afiszować się nimi jest czymś niegodnym. Całą pensję oddawał mamie, potem prosił o kieszonkowe na fryzjera.

Chodziłam czasem po lekcjach do koleżanki. Jej ojciec regularnie wracał do domu o szesnastej. Dla mnie to było nienormalne. Jak to możliwe, by dorosły mężczyzna mógł zasiadać z rodziną do obiadu, oglądać telewizję i czytać najspokojniej gazetę? Uważałam, że obowiązkiem każdego ojca jest wracać najwcześniej o dwudziestej drugiej albo w ogóle nie wracać na noc. Bo praca kojarzyła mi się z wojskiem, a tam pełniło się służbę na okrągło.

Pierwszym wspomnieniem naszych osobistych kontaktów jest nauka jazdy na rowerze. Pewnie musiało to wyglądać dosyć komicznie: pan generał biegający po parku z patykiem wetkniętym w dziecięcy rowerek. Drugie wspomnienie to Kaukaz, tam ojciec nauczył mnie pływać.

Najmilej jednak wspominam wyjazdy do Starej Miłosnej, gdzie klub Legia miał swoją stajnię. Wokół rozciągały się cudowne sosnowe laski, a myśmy przemierzali te trasy konno. Ale osobno. Bo ja jeździłam zwykle z córką generała Zbigniewa Nowaka Magdą i z przydzielanym nam żołnierzem-zawodnikiem Legii. Z ojcem natomiast był pewien kłopot. Bo jako były dowódca zwiadu konnego nie miał wśród ochrony równego sobie jeźdźca. Dlatego galopował w towarzystwie pułkownika Mieczysława Romana – oficera z AK-owską przeszłością, który był równie dobrym jeźdźcem i nie rozstawał się z pistoletem. Pistolet ten niestety odegrał rolę strzelby Czechowa, która w pierwszym akcie zostaje powieszona na ścianie, aby w ostatnim akcie wystrzelić[3].

---

[3] Pułkownik Mieczysław Roman w 1982 roku po obejrzeniu w telewizji wystąpienia Mieczysława Rakowskiego wdał się w awanturę z opozycyjnie nastawionym zięciem. Następnie wymierzył z pistoletu, raniąc śmiertelnie córkę, która próbowała zasłonić męża, a potem zabił kolejnym strzałem zięcia.

Nienawidzę tego zdjęcia. *Kokarda i koronkowa sukienka były zaprzeczeniem moich dziecięcych potrzeb. Kaukaz, 1972 r.*

Jako człowiek wysportowany ojciec chciał, by jego córka również była sprawna fizycznie. I za to byłam mu wdzięczna. Nie mogąc zaimponować rodzinie urodą ani talentem, mogłam wykazać się umiejętnościami sportowymi.

Ojciec ma naturę pesymisty. Nawet jak mu się przekazuje dobrą wiadomość, to zaraz ma jakąś wątpliwość: „A co będzie, jeśli..." – i rzuca czarnym scenariuszem. Czasem podcinał mi tym skrzydła, dusił w zarodku entuzjazm. Dlatego nauczyłam się działać samodzielnie i ojca stawiać przed faktem dokonanym.

Ten pesymizm i poczucie lęku determinowały wiele decyzji życiowych, łącznie z tą najważniejszą...

Sam o sobie mówił, że jest osobą głęboko niewierzącą. Ale jednocześnie z domu żarliwie wierzących wyniósł etos cierpienia i posłannictwa. Często słyszałam: „Trzeba nieść ten krzyż", „Trzeba umieć znosić cierpienie". Mówił to jako komunista, dla którego w przeszłości nauki Chrystusa były bardzo ważne. Wiem, że wielu może poczuć się obrażonych takim porównaniem. Ale postać Chrystusa jest nie tylko związana z chrześcijaństwem. Do jego nauk odwoływali się zarówno pierwsi ideowi komuniści, uważając go za rewolucjonistę i humanistę, jak i hipisi. Wszelkie oskarżenia ojciec przyjmuje z niesamowitą pokorą – to chrześcijańska pokora, jak mówi moja mama.

Determinizm w połączeniu z wojskową dyscypliną i oficerskim honorem składają się na wizerunek ascety.

Jest abstynentem. Przez całe życie nie palił, oprócz kilku miesięcy stanu wojennego. Jedyną jego słabością są słodycze, których również sobie odmawia, klepiąc się znacząco po brzuchu.

Pofolgował sobie tylko raz – w czasie moich narodzin. Zamiast iść z kolegami na wódkę, jak robi to większość mężczyzn, siedział samotnie w domu, pochłaniając kilogram mieszanki czekoladowej i z nerwów rozrzucając wokół siebie papierki.

JA, CZYLI CHOROWITA

Nigdy nie grałam roli księżniczki. Byłam, można powiedzieć, trochę przy okazji. Nigdy też nie stałam się córeczką tatusia. Uwielbiałam przesiadywać na dyżurce z chłopakami z ochrony, którzy stali się kimś w roli rodziny zastępczej – z nimi mogłam tworzyć swój własny, niezależny świat.

Przy takich rodzicach niewiele pozostawało miejsca na mój narcyzm. W bajce przypadłaby mi rola Kopciuszka. W świecie realnym, przy ojcu ascecie, frontowym bohaterze i generale, przy pięknej i zwracającej na siebie uwagę wszystkich matce królowej, mnie przypadła rola chorowitej. Tak mogłam zaznaczyć swoją obecność. Bo z jednej strony ojciec chciał mieć wspaniałą córkę prymuskę, a z drugiej mama nie zniosłaby w domu rywalki. Co w takiej sytuacji zostaje? Być zdechlakiem!

Paradoksalnie jestem im za to wdzięczna. Bo gdybym była księżniczką, najpiękniejszą i najmądrzejszą córeczką, to jakiś potwór by ze mnie wyrósł.

SZPITAL

We wczesnym dzieciństwie często byłam tak zwanym szpitalnym dzieckiem. W warszawskim CePeLeku[4] leżałam z podejrzeniem wirusowego zapalenia opon mózgowych po operacji wyrostka w Zakopanem. W Gdyni wylądowałam w szpitalu zakaźnym po jakimś zatruciu pokarmowym, którego się nabawiłam podczas pobytu z babcią w Juracie.

W szpitalu najczęściej babcia Helena nocowała ze mną. Nawiązywała tam bardzo szybko kontakt z personelem medycznym i salowymi. W końcu sama też kiedyś była kierownikiem ośrodka zdrowia.

Nie sprawdziłam się w roli wnuczki. W lutym 1989 roku, gdy babcia umierała na raka w szpitalu wojskowym na Szaserów, nie było mnie przy niej. Stchórzyłam. Trudno mi to sobie wybaczyć.

[4] Centralna Wojskowa Przychodnia Lekarska.

ŚWIĘTA W KOŚCIELISKU

Ojciec milczy patetycznie, babcia nerwowo pali, drzwi od pokoju mamy od dłuższego czasu milczą złowrogo. Świerk mocno pachnie, moc truchleje, a ja już wiem – nie będzie świąt, nie będzie prezentów.

Jak co roku tuż przed Bożym Narodzeniem atmosfera stawała się coraz bardziej napięta. Ojcu bardzo zależało, żeby święta miały tradycyjny przebieg – z opłatkiem, życzeniami, prezentami, kolędą. Bo to zapamiętał z rodzinnego domu. Mama tego nie znosiła i chciała wziąć odwet za nieobecność ojca w życiu codziennym. Przed świętami wciąż powtarzała: „Nienawidzę świąt, nienawidzę kolęd...". Ojcu proponowała, że jak cały rok siedzi w wojsku, to Wigilię też niech sobie spędzi z adiutantem, panem Marianem.

Babcia tradycyjnie przygotowuje barszczyk, śledzie, pierogi i makowiec – chcąc uszczęśliwić tym zięcia. I tradycyjnie próbuje załagodzić sytuację. Zaciąga się przy tym nerwowo dymem z giewontów.

Za oknem sypie coraz bardziej, podobno jutro ma być minus dwadzieścia. Nagle wchodzi mama – seledynowa, świetlista, pachnie Peweksem. Ojciec oddycha z ulgą, komplementuje, babcia zwycięsko przynosi śledzie. Jeszcze tylko opłatek, życzenia, uściski (zawsze tego strasznie się wstydzę)... i będą prezenty. A jutro z Ryśkiem na narty.

Chwała na wysokości. Koniec świąt.

PREZENTY

Podczas świąt albo urodzin nigdy nie mogłam się doczekać prezentu. To był rodzaj gorączki. Więc podkradałam się i szukałam w różnych miejscach, gdzie ewentualnie mógł być schowany. Jeśli to były moje urodziny, najczęściej spędzaliśmy je gdzieś na wyjeździe, bo obchodzę w sierpniu. Wiedziałam, że prezent jest już wieczorem przygotowany w pokoju rodziców. Skradałam się tam nad ranem, na palcach, i po cichutku rozpakowywałam. Kiedy przychodziło do wręczania, nie było już niespodzianki.

Prezenty kojarzą mi się również z wyprawami mamy do Niemiec. Zawsze bardzo elegancka pani doktor germanistyki przywoziła mi z NRD „szykowne" ubrania. Pamiętam swoje rozczarowanie, że to sukienka, a nie zabawka czy słynny budzik firmy Ruhla z fosforyzującymi wskazówkami. Do głowy by mi wtedy nie przyszło, że kiedyś moda stanie się moim zawodem.

GENERAŁ MALKONTENT

W ośrodku wczasowym nigdy nie popadałam w nudę, ale przesiadywanie w towarzystwie żon generałów, które preferowały statyczny tryb życia na urlopie, zdecydowanie nie było w moim stylu. Dlatego korzystałam z okazji i na przykład jeździłam z wojskiem na sianokosy. Pamiętam ten stan podniecenia, czy zdążymy przed ulewą, zapach siana i opalone torsy żołnierzy, a potem zwożenie siana do stodoły. Żołnierze początkowo krępowali się obecnością córki generała, lecz z czasem zapominali, kim jestem, i wtedy robiło się najfajniej. Do dzisiaj pozostał mi sentyment do koszarowych żartów:

Powyżej kolan
Poniżej pępka
Rosła sobie mała kępka
A w tej kępce mieszkał zbój
Który się nazywał ch...

Z czasu wakacji zapamiętałam też anegdotę, którą opowiadał generał Florian Siwicki[5]. Uczestni-

---

[5] Generał Florian Siwicki – szef Sztabu Generalnego WP i minister obrony narodowej w rządach Jaruzelskiego, Rakowskiego i Mazowieckiego. Zmarł 11 marca 2013 roku.

czył w manewrach Układu Warszawskiego, gdzie zjechało się tysiące żołnierzy. Generałowie różnych krajów stali na trybunach, a wojsko cały czas zjeżdżało i zjeżdżało: pancerniacy, piechota, desant, lotnicy... nie było końca tej potężnej fali.

Jeden z generałów musiał najwyraźniej mieć rys depresyjny, bo kiedy patrzył na te triumfalistyczne pochody, jęknął nagle przejmującym głosem: „Tyle chłopaków... Jak oni wszyscy wrócą do domu?”.

ZIELONY

Moim ulubionym kolorem jest wojskowa zieleń. Kojarzy mi się również z barwą jeziora Omulew, nad które zawsze jeździłam podczas wakacji. Do tego dochodzi zapach dzieciństwa. Jednym z najpiękniejszych jest woń łazików – wojskowych samochodów terenowych, w środku których zawsze pachniało paliwem, szczególnie pięknie, kiedy był deszczowy dzień i brezent nasiąkał wodą. Specyficzny zapach, nie do powtórzenia. Jeżdżę teraz innym samochodem, ale też terenowym i też zielonym.

UPIÓR W GABINECIE OJCA

U ojca w gabinecie było dużo półek z książkami i biblioteczka zamykana na klucz. W niej to znalazłam stare wydanie *Dziadów* Adama Mickiewicza. Miałam pięć, sześć lat, więc oczywiście koncentrowałam się głównie na ilustracjach. Pamiętam obrazek z drugiej części *Dziadów*, kiedy do izby wchodzi straszny upiór, strasząc siedzące tam dzieci. Od tamtej chwili każdego wieczoru wymykałam się do gabinetu ojca, z sercem w gardle oglądałam upiora i wracałam do łóżka, gdzie dopiero pod kołdrą zaczynałam się uspokajać. To był taki masochistyczny rytuał – dziecięca psychodrama. Chyba w ten sposób próbowałam zwalczyć swój strach, a przynajmniej go oswoić. We wczesnej młodości uwielbiałam horrory, dzisiaj już mnie tylko śmieszą.

TRYLOGIA

Okres wakacyjnej przerwy nie mógł polegać wyłącznie na nicnierobieniu. Według ojca musiałam również czytać – tak zwane lektury obowiązujące każdego Polaka, które zabierał ze sobą w podróż.

Podczas wyjazdu nad Morze Czarne padło na *Trylogię* – koszmar.

Z *Pana Wołodyjowskiego* mógłby mnie jeszcze przepytać, bo znałam treść z wersji filmowej. Byłam w stanie obejrzeć serial w telewizji ze względu na wątki miłosne, choć nie mogłam pogodzić się z decyzją Baśki, że woli Michała od Azji.

Jednak przedzieranie się przez ten archaiczny język Henryka Sienkiewicza na papierze, ciężkie żarty Zagłoby i sceny batalistyczne było stanowczo ponad moje siły. A tu zbliżały się moje dwunaste urodziny i ojciec podejrzał, że ciągle tkwię na tej samej stronie *Ogniem i mieczem*. Stwierdził, że musimy poważnie porozmawiać. Było w tej scenie trochę komizmu, bo usiedliśmy na tarasie, z którego rozpościerał się piękny widok na morze, zachodzące słońce zaczęło przybierać kształt pomarańczowej kuli na horyzoncie, a ja tymczasem słyszę: „Moniczko, jesteśmy tu od pięciu dni, a ty wciąż na trzydziestej stronie...". Po czym ojciec wchodzi na jeszcze wyższy ton moralizatorstwa, tłumacząc, że jedyne, co w życiu człowiek ma, czego nikt nie może mu zabrać, to jego wiedza. By na koniec całkiem mnie już dobić stwierdzeniem, iż mam starych rodziców i niedługo może ich zabraknąć... Miałam wtedy potworne poczucie winy, że jeśli nie przeczytam *Trylogii,* to rodzice mi umrą. Więc znowu próbowałam czytać. Z marnym skutkiem.

Tym bardziej że wcześniej byłam na wakacjach z babcią w wojskowym ośrodku w Juracie. Babcia wypożyczyła z czytelni *Konopielkę* Edwarda Redlińskiego. To najważniejsza książka w moim życiu. Bo wtedy po raz pierwszy poczułam, jak nieprawdopodobną przyjemność można czerpać z czytania. Zwłaszcza gdy lektura jest zakazana dla małoletnich. Z wypiekami na twarzy połykałam obsceniczne sceny i przepełnione wulgaryzmami dialogi... To było absolutne objawienie literackie. Po tych wszystkich lekturach szkolnych – okropnych *Naszych szkapach* i *Jankach Muzykantach* uprawiających martyrologię i zupełnie nieprzystających do współczesności – nagle dostałam do ręki coś, co rozbudziło we mnie miłość do książek.

I jak potem zachwycić się tak staroświecką ramotą jak *Trylogia*?

A ojciec nie popuszczał. „Nie przeczytałaś, chociaż tak cię o to prosiłem" – mówił z wyrzutem. A ja nie tylko, że nie przeczytałam, ja nawet szczęśliwie przebrnęłam przez polonistykę z bardzo dobrą oceną na koniec – bez *Trylogii*. Traktuję to jako swój etos.

Ojciec dalej nie popuszcza. Kiedyś powiedział: „Mam nadzieję, że chociaż Gucia namówisz"... Akurat!

MOJA DROGA, JA CIĘ KOCHAM

Często słyszałam od ojca: „Zrób, o co cię prosi stary, chory ojciec...". To miał być żart. Być może sam w ten sposób oswajał się ze swoim wiekiem. Ale u mnie wywoływało to skutek odwrotny. Tym bardziej że większość dzieci miała dużo młodszych rodziców. Ojciec był zdrowy i wysportowany. Jako pięćdziesięcioletni mężczyzna jeszcze w pełni sił, a jednak... Ten żartobliwy zwrot utrwalał we mnie przekonanie, że jest schorowanym starcem.

W latach siedemdziesiątych pojawił się piosenkarz, który zaistniał tylko jedną piosenką. Bobby Vinton, Amerykanin polskiego pochodzenia, wyśpiewał wielki przebój *My Melody of Love* z polskimi słowami w refrenie: „Moja droga, ja cię kocham". Dostałam pocztówkę dźwiękową w żółte gerbery z tym właśnie nagraniem i natychmiast w nim się zakochałam. Przez jakiś czas codziennie pędziłam ze szkoły na złamanie karku, żeby jak najszybciej wrócić do domu i jej posłuchać. Dobrze pamiętam te charakterystyczne trzaski na zrysowanej od ciągłego odtwarzania na adapterze płycie i przejmujący głos Bobby'ego.

Po którymś z kolejnych przesłuchań pomyślałam nagle, że jeśli posłucham tej piosenki jeszcze raz, to ojciec umrze. Od tego czasu nigdy jej już nie włączyłam.

NIEMIECKI ROMANTYZM

Po Sienkiewiczu nastąpił okres Stefana Żeromskiego. Ulubiony pisarz ojca, zgodny również z linią ideologiczną. Tu byłam w stanie wykazać się większą chęcią do lektury, bo pewne wątki, bardziej natury psychologiczno-socjologicznej, zaczynały mnie wciągać. Ale szłam na przekór. Przy szeroko rozwiniętej potrzebie niesienia pomocy słabszym nie byłam w stanie przebaczyć doktorowi Judymowi, że porzucał narzeczoną, aby leczyć ludzi.

Z ojcem zupełnie mijaliśmy się w literackich oczekiwaniach. Wolałam już to, co podsuwała mi mama. Z racji wykształcenia bardzo lubiła romantyzm niemiecki, szczególnie poezję Fryderyka Schillera. Pamiętam jego *Rękawiczkę*. Jest arena niczym w starożytnym Rzymie, a na arenie lew, tygrys i dwa lamparty. Wtem z krużganków pałacu piękna dama rzuca między dzikie zwierzęta rękawiczkę. I pyta, czy znajdzie się taki śmiałek, który przyniesie jej tę rękawiczkę z powrotem.

Emrod przeskoczy zapory,
Idzie pomiędzy potwory,
Śmiało rękawiczkę bierze[6].

Po czym rzuca damie rękawiczkę w oczy i oświadcza: „Pani, twych wdzięków nie trzeba mi wcale". I odchodzi.

Bardzo się identyfikowałam z Emrodem, który wzgardził próżną kobietą.

[6] Fryderyk Schiller, *Rękawiczka* [w:] *Ballady*, Wyd. Polskiego Towarzystwa Wydawców Książek, Warszawa 1989.

MIŁOŚĆ NIEJEDNO MA IMIĘ

Moje dziecięce fantazje miłosne bardziej pasowałyby do chłopca. Uwielbiałam w marzeniach ratować swoich ukochanych z najniebezpieczniejszych opresji. Kolegę z klasy ratowałam z odmętów szalejącego morza. Arsène'a Lupin brawurowo odbijałam z rąk francuskiej policji. Walczyłam na szpady w imieniu Zorro lub strzelałam ze smith & wessona na amerykańskiej ulicy, własnym ciałem osłaniając Kojaka. A czasem po prostu dawałam komuś swojsko w ryja w obronie porucznika Borewicza z *07 zgłoś się*. Widziałam siebie w roli rycerza, który ratuje chłopców lub mężczyzn, w których akurat się kochałam, a którzy mnie nie zauważali, co jeszcze bardziej wyzwalało we mnie przypływy miłości.

Ale na tym się nie kończyło. Bo z chwilą gdy ich uratowałam, narażając przy tym własne życie, a oni zrozumieli swój wielki błąd, że do tej pory mnie nie pokochali, i oczywiście zaczynali kochać... ja z ostentacyjną dumą odchodziłam, pogrążając ich w głębokiej rozpaczy. Z tego, co pamiętam, nawet zimny Fantomas przeze mnie nieźle wycierpiał.

Uważałam, że najszczęśliwsze miłości to te niespełnione. Zależały od naszej wyobraźni, a więc można było z nimi zrobić wszystko. Rzeczywistość nie dawała takiej możliwości – miłość w świecie realnym była zawsze niebezpieczna i nieprzewidywalna. Wymykała się spod kontroli.

Tak myślałam co najmniej do wakacji po siódmej klasie. Wówczas zaczęłam przeistaczać się w dziewczynkę, którą najatrakcyjniejszy chłopak w klasie, grający na gitarze, spytał nagle, czy nie chciałaby z nim chodzić. I okazało się, że u przyjaciółki w prowadzonych przez nią modnych *Złotych myślach* przy haśle „inicjały sympatii" wpisał M.J.

PISKLĘ

W pierwszej klasie podstawówki zaprzyjaźniłam się z dziewczynką o stosownym nazwisku Moskwa. Ja byłam najmniejsza w klasie, Ewa największa. Miała warkocz, świetne oceny ze wszystkich przedmiotów i potrafiła mnie rozśmieszyć do łez.

Mieszkała na Polach Mokotowskich, na osiedlu domków fińskich. Obok jej domu rósł krzew bzu, który zawsze oszałamiająco pachniał po burzach i deszczach majowych. Pewnego razu pod tym bzem, na mokrej ziemi znalazłyśmy z Ewą ledwo co opierzone pisklę. Jak powiedziała nam potem dozorczyni, było to pisklę kosa lub szpaka. Postanowiłyśmy je oczywiście ratować. Ptaszek miał jednego dnia mieszkać u Ewy, drugiego u mnie.

Moja babcia kupiła nawet klatkę dla ptaków. Po pierwszej nocy, którą pisklę spędziło u Ewy (podobno karmiła je śmietaną), znalazło się na parapecie w moim pokoju. Pamiętam, jak mama nad ranem weszła cicho do mnie, zajrzała za firankę i wyniosła klatkę. Zdążyłam się na chwilę przebudzić i zapytałam, co się stało. Odpowiedziała, że nic, tylko idzie dać mu śniadanie... Gdy wstałam po godzinie, klatka była pusta, a mama powiedziała, że ptak odleciał. Domyśliłam się, że to nieprawda. Zaczęłam strasznie płakać. Mama jak zwykle zezłościła się i napoiła mnie syropem hydroxizinum.

Kilka dni później siedziałam na podwórku i czekałam na mamę, bo miałyśmy jechać do pawilonów na Chmielnej. I wcale się nie cieszyłam, chociaż wcześniej bardzo lubiłam przyglądać się, jak kupuje jedwabne kwiaty do sukienki. Siedziałam samotnie na podwórku i rozmyślałam nad tym, że mam w sobie już taki smutek, który nigdy, przenigdy nie przejdzie. Dlaczego? Bo świat jest zły. Oczywiście trudno to przekonanie uznać za wątpliwość na poziomie rozważań egzystencjalistów. Było tylko dojmującym poczuciem smutku małego dziecka. Wszystko wkoło kwitło i pachniało wiosną, rodziło się nowe życie, a ja już wiedziałam, czy może bardziej czułam, że każde życie to początek śmierci i że ten świat wcale mi się nie podoba.

Ten rys depresyjny towarzyszył mi przez całą szkołę. Może dlatego nie byłam dobrą uczennicą. Lubiłam dzieci, z wzajemnością, szalałam na boisku, uwielbiałam psoty i wygłupy, ale zdechły pisklak, który już nigdy nie odleci z gniazda, mieszkał we mnie przez wiele lat.

A Ewa Moskwa latała – bo została stewardessą. Jako osobom dorosłym nie udało nam się do tej pory ani razu spotkać, choć umawiałyśmy się już kilkakrotnie.

KONOPNICKA WŚRÓD RADZIWIŁŁÓW

Na starej Ochocie, gdzie mieszkałam do dziesiątego roku życia, mieszaliśmy się klasowo i narodowościowo. Obok siebie stały dwie kamieniczki dwupiętrowe, a na podwórku rósł stary orzech, który zaglądał do okien mojego pokoju. W naszej kamienicy mieszkali sami generałowie komunistyczni. Tak się złożyło, że ich dzieci, a moi rówieśnicy, to byli chłopcy. Wśród nich Sasza Molczyk, który miał mamę Rosjankę i ojca Polaka[7]. Mama często wołała Saszę z balkonu po rosyjsku: *Idi domoj!*, ale on udawał, że jej nie słyszy. Póki nie odezwała się po polsku.

Bardzo lubiłam też Grześka, syna dozorczyni, pani Anieli, która utrzymywała podwórko w dużej czystości. Potrafiła też zrobić porządek z nami, czyli dziećmi. A mogła, bo była słusznej postury. Pamiętam, że raz wybraliśmy się do zoo, gdzie na widok hipopotama Grzesiek zawołał z zachwytem: „Patrz, mama, on grubszy od ciebie!". Złościła się pani Aniela, kiedy malowaliśmy kredą trasy dla kapsli, przy-

---

[7] Generał Eugeniusz Molczyk – wiceminister obrony narodowej (1972-86), zastępca naczelnego dowódcy Zjednoczonych Sił Zbrojnych Układu Warszawskiego (1972-84), podczas stanu wojennego członek WRON. Należał do grupy twardogłowych, którzy chcieli zbrojnej konfrontacji z Solidarnością.

nosiła wtedy szlauch i to spłukiwała. Okazała się również zbawieniem dla mojej mamy i babci. Kiedy pewnego dnia poszłam do niej i z apetytem zjadłam razem z Grześkiem obiad, babcia wpadła na genialny pomysł. Przygotowywała dla mnie posiłki, po czym w tajemnicy przekazywała je pani Anieli. A ja zjadałam u niej, będąc przekonana, że danie to zrobiła własnoręcznie.

Za ogrodzeniem było kolejne podwórko, przynależące do pięknej starej kamienicy. Tam mieszkały same dziewczynki. Między nimi trzy zdecydowanie wyróżniające się urodą i zagranicznym stylem bycia. To były panny Radziwiłłówny. Ich mama Nicole, belgijska arystokratka, wyszła za mąż za Ferdynanda Radziwiłła, lekarza z wykształcenia. Łącznie w domu mieli czwórkę dzieci – trzy córki: Nunu, czyli Anię, Izabellę i Teresę, oraz najmłodszego syna Karola Ferdynanda. Pamiętam, że pani Nicole przywiozła raz dziewczynkom z Belgii gumki do włosów z kulkami wykonanymi z pięknego plastiku w żywych kolorach. Na dodatek z bąbelkiem powietrza w środku każdej kulki. Zachwyciłam się nimi. W Polsce też były takie gumki, ale z brzydkiego plastiku. Ku swojej olbrzymiej radości dostałam od Nunu jedną gumkę z amarantową kulką.

Nasze mamy bardzo się polubiły i zaczęłam coraz częściej bywać w ich domu. Dziewczynki biegle mówiły po francusku. Podczas gdy Sasza na rosyjski mamy nie chciał reagować, one karnie, wołane przez panią Nicole po francusku, odpowiadały: *Qui, mamma!* i biegły do domu. Na co Grzesiek, prawdziwy chłopak z ludu, reagował prześmiewczo: „Kły? Jakie kły? Końskie?"...

Raz zostałam zaproszona na urodziny starszej ode mnie o rok Nunu. Przyszło sporo dzieci, większość z arystokratycznych rodzin. Dorośli organizowali wiele zabaw i konkursów, w tym i konkurs recytatorski. Ja wystąpiłam z wierszem Konopnickiej *A jak poszedł król na wojnę* – zupełnie nie zdając sobie sprawy, jak mocno pozytywistyczno-rewolucyjne jest jego przesłanie. Zwłaszcza wersy: „A najdzielniej biją króle, / A najgęściej giną chłopy", co być może zabrzmiało w tym arystokratycznym domu niestosownie. Lecz brawa otrzymałam jak wszystkie dzieci.

Mama bardzo się z panią Radziwiłłową polubiły. Do dzisiaj utrzymują kontakt. Pani Nicole mieszka niedaleko moich rodziców. Jedną z jej córek, Teresę, spotykałam na spacerach z psem.

WYSTĘPY CÓRY

Do domu, w którym rodzice mieszkają do dzisiaj, wprowadziliśmy się, kiedy miałam pójść do czwartej klasy szkoły podstawowej. Szkołę tysiąclatkę dopiero co wybudowano obok osiedla wojskowego, tak że większość uczniów to były dzieci mundurowych, w tym lotników. A samej szkole miano nadać imię Wojsk Obrony Powietrznej Kraju.

Dyrektorka i nauczycielka polskiego miały wielkie ambicje artystyczne. Kochały się we wszelkich akademiach i deklamacjach, w związku z tym, kiedy jedno przedstawienie się kończyło, natychmiast zaczynały próby do kolejnego.

Ze względu na ojca ministra obrony ciągle byłam typowana do głównych ról, i to w tym najostrzejszym, batalistycznym repertuarze. A byłam najmniejsza w klasie, najchudsza, zezowata, brzydka i nieśmiała. Nie czułam się gwiazdą ani czuć się nie chciałam. Traktowałam to obsadzanie jako pewną niezręczność. Nauczenie się samego wiersza na pamięć nie było jeszcze wielkim problemem. Lubiłam na przykład Władysława Broniewskiego, bo miał świetny rytm.

Kiedy przyjdą podpalić dom,
ten, w którym mieszkasz – Polskę,

No cóż, może jednak zostając stylistką, minęłam się z powołaniem. *Tu jako Murzynek Bambo w czasie szkolnej akademii*

kiedy rzucą przed siebie grom,
kiedy runą żelaznym wojskiem...[8]

To akurat deklamowało się niemal samo. Ale bywały też językowe koszmarki, na których można było sobie język połamać. Na dodatek, a raczej przede wszystkim – nie mogłam poradzić sobie z tremą.

Nie spałam w nocy ze strachu, że się podczas recytacji pomylę, pamiętam doskonale to duszące uczucie w gardle, łomot serca i spocone ręce. A jednocześnie widziałam dziewczynki, które wręcz kwitły na scenie. Widziałam też nieprzychylne spojrzenia tych, które były zazdrosne, że to ja dostaję główną rolę.

Największa trauma nastąpiła w końcu szóstej klasy. Wtedy zorganizowano uroczystość nadania imienia szkole. Gościem honorowym miał być minister obrony, czyli generał Jaruzelski, a z nim cała wierchuszka generalska z lotnictwa. Nawet wynajęto profesjonalnego reżysera z wojskowej wytwórni filmowej Czołówka. A były to czasy wielkiej popularności dziecięcego zespołu Gawęda. Nam kazano nauczyć się podobnych układów tanecznych, tyle że w zdecydowanie bardziej zmilitaryzowanej formie. Oczywiście ze mną w roli głównej.

Mam świadomość, że będą mikrofony, kamery z „Kroniki Filmowej", sprawozdania telewizyjne, wyobraźnia pracuje i już zaczynam się bać. Pierwsze próby – koszmar. Nie mam pojęcia, która noga

[8] Władysław Broniewski, *Bagnet na broń*, Książka, Warszawa 1948.

to prawa, a która lewa, i kiedy mam wykonać zwrot. Dzisiaj, dzięki synowi, który miał podobny problem i chodził na specjalne ćwiczenia, wiem, że to tak zwana dezintegracja sensoryczna. Wtedy nikt takiego rozpoznania nie robił.

Na szczęście byłam dzieckiem wesołym i raczej lubianym przez rówieśników. Wzięłam się więc na sposób: zaczęłam po prostu się wygłupiać, że n i b y nie wiem, która noga jest która. Reżyser dostawał szału, bo psułam mu całe przedstawienie, a wyrzucić córki Jaruzelskiego nie mógł. Do tego jeszcze wszystkie dzieciaki ryczały ze śmiechu, bo myślały, że robię sobie jaja. Uznana zostałam za fajnie bezczelną dziewczynę... No więc tańczymy dalej, do upadłego, nie mamy prawie lekcji, tylko ćwiczymy i ćwiczymy. Reżyser już prawie zrezygnował, bo widzi, że nic z tego nie będzie, i nagle dzieje się rzecz straszna – reżyser wpada na pomysł numeru specjalnego dla mnie. Mam wyjść przed szereg i tylko maszerować, podczas gdy inni mają te tańce za mną wykonywać.

Czułam straszny obciach całej sytuacji. Ostatecznie jakoś akademię przetrwałam, wiersz powiedziałam, potem przemaszerowałam. Ale było to straszne.

Sytuacja miała się powtórzyć na zakończeniu roku szkolnego. I pamiętam, że siedziałam na ustawionych na scenie ławkach, trzy osoby przede mną miały mówić kolejno zwrotki wiersza, kiedy poczułam, jak zżera mnie stres. Pomyślałam, że za chwilę zemdleję. Nagle mnie olśniło. Właściwie czemu nie? Udałam, że mdleję, i widowiskowo spadłam z ławki. To był mój najbardziej udany występ.

Na tyle udany, że nie musiałam tego wiersza już mówić. A w ostatniej klasie dali mi święty spokój.

Najwyraźniej rodzice o moim stresie nie wiedzieli. Owszem, nie żaliłam się. Ale oni sami też tego nie zauważali, co w dzisiejszych czasach nazwano by zaniedbaniem emocjonalnym. Wówczas nikt się z dziećmi specjalnie nie patyczkował – jak się mówiło. Mama tylko wściekała się, że do cholery z tymi występami. „To szkoła czy cyrk?" – głośno komentowała. Ojciec jak zwykle do wszystkiego podchodził krytycznie. Niby chwalił moje występy, a potem pytał, kto to była ta blondyneczka, która tak świetnie wypadła... Wiedziałam, że tak powinna była wypaść jego córa.

Bo w wojsku to są córy i małżonki.

POCHODZENIE

Chodziłam do powszechnie dostępnych szkół. Powiedziałabym nawet, że tamte czasy pod tym względem były bardziej demokratyczne niż współczesne – z prywatnymi szkołami dla wybrańców. Dziecko profesora siedziało z dzieckiem dozorczyni i zawiązywały się między nimi przyjaźnie. W sytuacji gdy czułam, że moja pozycja jest szczególna, tym bardziej starałam się nie wyróżniać. Jedynym mankamentem była nieodstępująca mnie ochrona i próba wejścia w nowe środowisko, gdzie zwykle natrafiałam na ścianę nieufności.

Nauczyciele też nie traktowali mnie w sposób wyjątkowy. Bywało wręcz odwrotnie. Pamiętam, że bardzo źle mi szły zajęcia z prac ręcznych. Coś trzeba było uszyć, a ja nie potrafiłam. Nauczycielka chyba uważała, że to problem domu, z którego pochodzę. Rzuciła w moją stronę: „Nie każdy w domu ma służbę"...

Tak, ojciec pochodził z rodziny ziemiańskiej, z drobnej szlachty herbu Ślepowron, tyle że rodzina straciła część majątku po powstaniu styczniowym, a pradziadek Wojciech spędził na Syberii osiem lat. Dziadek Władysław jako młody chłopak zdobył wykształcenie rolnicze w cieszącej się wtedy dobrą reputacją szkole w czeskim Taborze. Po ślubie z babcią Wandą zamieszkali w Kurowie (wsi leżącej między Puławami a Lublinem), gdzie urodził się mój ojciec. Kiedy miał dwa lata, rodzice przenieśli się do majątku teścia Władysława – Hipolita Zaręby, od którego dziadek wydzierżawił majątek Trzeciny. Później Władysław chciał w gospodarce teścia wprowadzić usprawnienia i doszło między nimi do konfliktu. W związku z tym zdecydował się na zmianę miejsca zamieszkania. Osiadł w Sokołach Rusi Starej, gdzie właścicielem folwarku dworskiego był jego starszy brat Stefan. Ziemie w tych okolicach od wieków należały do Jaruzelskich. Lecz rodzeństwa łącznie było ośmioro i po podziale majątku nie zostawało wiele dla każdego z nich. Niedługo Władysław przebywał u brata, powrócił do Trzecin i mieszkali tam aż do wybuchu wojny. Na tyle dobrze zarządzał majątkiem, że jako jedyny w okolicy nie miał długów.

Postanowił syna, czyli małego Wojtusia, wysłać do wiejskiej jednoklasowej szkoły powszechnej, którą zresztą Jaruzelscy wspomogli budować. Mój ojciec był tam tylko raz, ponieważ czuł się bardzo skrępowany sytuacją. Jako jedyne dziecko w klasie miał buty, kiedy reszta umorusanych wiejskich dzieciaków biegała na bosaka. Ojciec poczuł się mocno zawstydzony, choć jednocześnie miał tylko siedem lat i uważał, że taki to już jest porządek tego świata – niesprawiedliwy.

Od dziecka słyszałam tę opowieść. Również i o tym, że kiedy wychodzili z kościoła, gdzie siadali w pierwszej nawie, to kobiety starsze od dziadka potrafiły pocałować go w rękę. A w ojcu, mimo wychowania w ziemiańskiej tradycji, zawsze budziło to poczucie zażenowania.

Po latach przyjechał odwiedzić Trzeciny. Po pożarze nic z majątku nie pozostało prócz charakterystycznego pagórka. Ale nie było też czworaków z bosymi dzieciakami. Ojciec zobaczył solidne murowane domy i stojące przed ich wejściami samochody. Kiedy był małym chłopcem, jazdy konnej uczył go furman Władek Ogrodnik. Teraz, po latach, ojciec został ugoszczony przez jego syna Antoniego w pięknym domu. Wielu mieszkańców tej wsi przed wojną było analfabetami, furman Władek ukończył czteroklasową szkołę powszechną, a jego syn i wnuki byli już magistrami po wyższych studiach. Ojciec wrócił z tego wyjazdu szczęśliwy, z poczuciem, że socjalizm jednak miał sens.

Jako dziesięcioletni chłopiec został wysłany do gimnazjum prowadzonego przez księży marianów na warszawskich Bielanach, gdzie uczył się przez sześć lat. Był w klasie z Tadeuszem Gajcym – poetą. Obaj byli bardzo dobrymi polonistami i obaj mieli poglądy radykalno-narodowe. Ponieważ ojciec był wychowany w duchu endeckim, nosił nawet w klapie marynarki jako młody chłopak mieczyk Chrobrego.

Poglądy zmienił podczas wojny. Najpierw zsyłka na Syberię, śmierć ojca, nieskuteczna próba dotarcia do armii generała Andersa, a potem przedostanie się do Armii Ludowej – to wszystko spowodowało u niego przemianę światopoglądową. Przy tym jeszcze większy szacunek do prostego człowieka. Ojciec mówił, że tak naprawdę on, matka Wanda i siostra Teresa przetrwali w tajdze dzięki prostym ludziom z syberyjskiej wsi. Niezwykle serdecznym, dzielącym się ostatnią kromką chleba w chwili głodu i chłodu. I ten paniczyk o endeckim nastawieniu przekonał się wówczas, że równość społeczna jest jak najbardziej moralnie usprawiedliwiona, a wręcz pożądana.

Ojciec podsuwał mi poezję Juliana Tuwima, który był jego ulubionym poetą. Szczególnie zwracał mi uwagę na wiersz *Do córki w Zakopanem* z jakże znamiennymi słowami: „A zawsze kłaniaj się, córko, ludziom maleńkim, / Bo to są ludzie ogromni. Żebyś wiedziała”[9].

W czasie wojny przestał też wierzyć w Boga. Ale miał chyba z tego powodu zawsze silne poczucie winy w stosunku do matki – osoby bardzo religijnej. Siostra ojca, Teresa Jaruzelska, żona polonisty wykładającego na KUL-u, niedawno zmarłego prof. Jerzego Starnawskiego, sama również polonistka z wykształcenia, nigdy nie odeszła od wiary. Tak że ojciec, można by powiedzieć, był między nimi jako ta czarna owca, choć z siostrą zawsze łączyła go silna więź uczuciowa. Moja mama, delikatnie mówiąc, studziła ten jego rodzinny entuzjazm.

Nigdy nie widziałam w ojcu wrogiego nastawienia do religii i Kościoła, żadnej gorliwości neofity. Wręcz odnosiłam wrażenie, że zachował szacunek do wiary, w którym mieścił się również szacunek wobec mocno religijnej matki. Jednak na pogrzebie babci Wandy w 1966 roku podczas mszy

---

[9] Julian Tuwim, *Do córki w Zakopanem* [w:] *Wiersze wybrane*, Zakład Narodowy im. Ossolińskich, Wrocław 1986.

nie wszedł do kościoła. Całą ceremonię spędził pod kościołem, uczestnicząc dopiero w samym pogrzebie. Był najwyraźniej w tamtych latach bardziej oficerem LWP i służbistą niż dawnym uczniem marianów. Takie czasy, nie mnie oceniać.

Kiedyś usłyszałam na ten temat przedziwną historię – konfabulację rodem z filmu sensacyjnego. Dzisiaj ta historia krąży po internecie. W związku z tym, że nie byłoby możliwe, aby polski szlachcic, wychowany w wierze katolickiej, wnuk powstańca styczniowego i syn uczestnika wojny polsko-bolszewickiej mógł zostać komunistą, zrodziła się pewna legenda. A więc prawdziwego Wojtka Jaruzelskiego zamordowano na Syberii. Ten w czarnych okularach to podstawiony Żyd komuch. Dlatego własna matka po powrocie do Polski go nie rozpoznała i dlatego na jej pogrzebie nawet nie wszedł do kościoła...

Stosunek do osób, które były w jakiś sposób zależne od innych, biedniejsze, gorzej wykształcone, nigdy się u ojca się nie zmienił. Z taką samą kurtuazją całował w rękę panią premier Margaret Thatcher, jak i panią Bodzię, kucharkę z ośrodka wczasowego. Bywało i tak, że podczas wakacji spędzanych w tych ośrodkach, kiedy mieliśmy iść na śniadanie, kontrolnie wchodził do mojego pokoju i mówił: „Moniczko, posprzątaj, przecież zaraz pani sprzątaczka przyjdzie".

Nigdy też nie odczuwałam potrzeby epatowania herbowym pochodzeniem. Zdarza się w wywiadach, że jestem pytana o to, czy noszę sygnet z herbem rodowym. Ani droga życiowa ojca mnie do tego nie upoważnia, ani sama z siebie nie odczuwam takiej potrzeby. Mam lewicowe przekonania i uważam, że jesteśmy tym, co sobie w życiu wypracujemy. Żadna to nasza zasługa ani wina, kim był przodek.

Inna sprawa, że to ironia losu – herb Ślepowron w kontekście ciemnych okularów ojca i skrótu Wojskowej Rady Ocalenia Narodowego.

BANANY OD FIDELA

Zazdrościłam koleżankom, które mieszkały w blokach. Obok mojej szkoły było osiedle wojskowe. Prawdziwe centrum dowodzenia. Tam rodziły się nowe zabawy, powstawały szkolne intrygi. Kwitło życie towarzyskie i pierwsze miłości. W czasie deszczu przenoszone na klatki schodowe.

Bardzo lubiłam tam odwiedzać moją przyjaciółkę Olgę. Długowłosą jasną blondynkę z imponującą ilością piegów. Tata Olgi był pułkownikiem, mama kierowniczką przedszkola. Paliła mentolowe zefiry i zastanawiała się nad wyborem koloru przydziałowego fiata 125p: „piasek pustyni" czy „yellow bahama"?

Kiedy nie mogłam pójść na osiedle, czułam się trochę wyalienowana. Cokolwiek to znaczy – inna. Nie wystarczały wtedy zabawy z psem czy rozkładanie broni z chłopakami na dyżurce.

Mieszkaliśmy w domu jednorodzinnym, ale bez specjalnych, nawet jak na tamten czas, luksusów. Niejednokrotnie bywając w domach czy mieszkaniach koleżanek, których rodzice mieli prywatną inicjatywę, widziałam zdecydowanie wyższy standard życia. Nawet podczas wakacji, kiedy ojciec piastował najwyższe stanowiska państwowe, nie wyjeżdżaliśmy do ośrodków rządowych, tylko wojskowych, które zawsze były bardziej siermiężne. Można by powiedzieć, że luksusu doświadczałam wyłącznie podczas służbowych wyjazdów ojca, kiedy polska delegacja była goszczona przez oficjeli innych państw w ich pięknych posiadłościach.

Przyszła do nas pewnego razu paczka z bananami od Fidela Castro. Oczywiste było, że wezmę je do szkoły, aby poczęstować wszystkich w klasie. W domu przecież zawsze wpajano mi potrzebę dzielenia się z innymi. Ale paczka przyszła w sobotę, potem była niedziela. Co chwilę ktoś do niej sięgał, zresztą trudno było nie poczęstować chłopców z ochrony. W poniedziałek rano okazało się, że bananów nie starczy dla trzydziestu uczniów. Wytłumaczono mi, że dzieciom będzie przykro, więc lepiej nie brać ich w ogóle. Sama też poczułam, że byłaby to niezręczność.

Owszem, w życiu dorosłym zaczęłam miewać poczucie dyskomfortu. Bo z jednej strony naturalną potrzebą człowieka jest dążenie do dobrobytu, z drugiej wartości przekazane przez ojca na to mi moralnie nie pozwalały. Co dla niego jest niegodne, dla mnie, używając współczesnego określenia, byłoby obciachem. Tołstoj powtarzał, że „bogactwo wśród biedy jest niemoralne". I rzeczywiście nie lubię ostentacji. Choć czasem wściekałam się, że ojciec wpisał mi na „twardy dysk" zasady, które pozbawiają radości korzystania z życia bez poczucia winy. Muszę jednak przyznać, że w dobie kryzysu okazują się bardzo przydatne.

Banany nie zgniły w generalskiej piwnicy. To, co zostało, zjadłyśmy z Olgą, która mnie wtedy odwiedziła. Zwierzyła się, że chciałaby już być dorosła, by móc wreszcie palić papierosy w wannie. W kąpieli z aromatyczną szyszką. Tak jak jej mama. Bo to bardzo elegancko.

Olga skończyła prawo i jest sędzią. Muszę zapytać, czy pali w wannie.

CHŁOPCY Z OCHRONY

Mówiłam do nich „wujku". Na ogół byli to bardzo sympatyczni chłopcy. Zawieraliśmy między sobą jakieś niepisane umowy, pakty milczącej zmowy, i zdarzały się nam sytuacje komiczne. Do dzisiaj z niektórymi utrzymuję kontakt i wiem, że mogę na nich liczyć.

W dzielnicy willowej, gdzie mieszkałam, zawsze wiosną podczas deszczu z okolicznych ogrodów wychodziły dżdżownice, wprost na jezdnię, a tam były rozjeżdżane przez samochody. Idąc do szkoły, nie mogłam ich tak zostawić, zbierałam więc i wrzucałam z powrotem do ogródków. Zabierało to oczywiście trochę czasu, a ochroniarz musiał mnie odprowadzić do szkoły na konkretną godzinę. Więc ten mężczyzna – metr dziewięćdziesiąt wzrostu, z pistoletem w kaburze, zaczynał zbierać razem ze mną te dżdżownice, żeby było szybciej. Ponieważ byliśmy zaprzyjaźnieni, wiadomo było, że ja się nigdy na niego nie poskarżę. To klął przy mnie, kurwami najczęściej, bo czynność była i żenująca, i obrzydliwa. Ale dżdżownice za płot przerzucał.

Z tego, co wiem, jeden z „wujków" podkochiwał się w mojej bardzo ładnej pani od rysunków.

„Wujków" było sporo, wymiennie dyżurowali. Byli Mirek, Zdzisław, Alfred, w którego byłam wpatrzona niczym w obrazek. Pamiętam jednak, że mi przylał psią smyczą, bo mu na złość przebiegłam przez ulicę. Zdenerwował się i mnie smagnął tą smyczą po nogach. Ale to było oczywiste, że ani ja na niego, ani on na mnie nie poskarży.

„Wujkowie" mogli czuć się przy mnie swobodnie. Do tego stopnia, że jeden w Zakopanem umówił się na ściśle tajną randkę z dziewczyną – podczas pełnienia służby. Przez dwie godziny musiałam snuć się samotnie po Krupówkach, by go nie wydać.

Ochrona była zawsze, właściwie do końca. Lecz na studiach chłopcy już byli niewidoczni. Dwa razy zdarzyło się, że moje koleżanki, które działały w NZS, weszły z nimi w bardziej intymny kontakt. Z jednej strony gorące młode dziewczyny, z drugiej przystojni ochroniarze, to zaiskrzyło. Chodzili ze mną na prywatki i tańczyli z tymi dziewczynami.

Bywało, że przy mnie chłopaków ponosiły emocje. Oglądając wiadomości telewizyjne, klęli: „Kurwa, bym zajebał tych wszystkich solidaruchów!". Ale z drugiej strony natykałam się na podobne emocje: „Na drzewach zamiast liści będą wisieć komuniści!". Konsekwencją tych emocji już wkrótce była śmierć sierżanta Karosa[10] i księdza Popiełuszki[11]. A ja musiałam żyć w tych dwóch światach.

---

[10] Zdzisław Karos – starszy sierżant MO, zatrudniony przy ochronie ambasad, 18 lutego 1982 roku w drodze do pracy został zaatakowany w tramwaju przez dwóch nieletnich członków organizacji Siły Zbrojne Polski Podziemnej, którzy chcieli odebrać mu broń. Podczas szamotaniny został przez jednego z chłopców śmiertelnie postrzelony.

[11] Ksiądz Jerzy Popiełuszko – legendarny kapelan warszawskiej Solidarności, w stanie wojennym odprawiający w kościele św. Stanisława Kostki Msze za Ojczyznę, 19 października 1984 roku został uprowadzony i zamordowany przez funkcjonariuszy Służby Bezpieczeństwa.

UKRADŁAM PSA

Wakacje na Mazurach. Miałam wtedy chyba dziesięć lat. Uwielbiałam jeździć na rowerze, oddalałam się od naszego ośrodka i przemierzałam wiele kilometrów przez te pola mazurskie i lasy, pędząc czasami prawie na oślep.

Był akurat wyjątkowo piękny, słoneczny dzień. Wszystko wokół pachniało, świerszcze grały na łąkach, a ja pedałowałam z dziką radością przed siebie. Kiedy zbliżyłam się do zabudowań wiejskich, usłyszałam wycie psa. Słabe, ale była w nim rozdzierająca duszę rezygnacja. W pierwszej chwili nie zatrzymałam się, lecz ta skarga dosłownie mną szarpnęła i siłą rzeczy musiałam stanąć w miejscu. Dźwięk się powtarzał, gdzieś tam, nie wiadomo gdzie, i zsiadłam z roweru. Odczekiwałam, bo chwilami odgłos milknął, potem znowu się odzywał, jakby z lasu. W końcu idąc za nim, odkryłam kartoflisko – jakieś pół hektara ziemi po wyrębie lasu, na którym zasadzono kartofle. I na tym polu siedział pies, na łańcuchu przytwierdzonym do wbitego w ziemię kołka. W skwarze słońca, nie miał nawet budy, pozostawiony przez ludzi, aby odstraszać dziki. Obok leżała przewrócona do góry dnem miska. Pies był przeraźliwie chudy, wystraszony i otępiały.

Najpierw chciałam dojechać do rzeki, aby nabrać wody. Nie miałam do czego. Zawróciłam więc do ośrodka. Tam napełniłam wodą butelkę, wzięłam coś do jedzenia i ruszyłam kolejne kilometry, strasznie się przy tym spiesząc. Na mój widok pies podkulił ogon. Gdy próbowałam się zbliżyć, odbiegał, co powodowało, że zaciskał mu się łańcuch na szyi. Straszny widok. Ta wywrócona miska była dziurawa i pognieciona. Kiedy nalewałam do niej wodę, pies bał się zbliżyć, ale wiedział, że mu nalewam. Kiedy odeszłam na odpowiednią odległość, zaczął łapczywie pić. Wypił, chciał jeszcze, a ja wiedziałam, że po takim poście nie może tyle naraz, bo zacznie wymiotować. A on patrzył błagalnie i już byłam pewna, że nie mogę go tak zostawić. Musiałam go na tym łańcuchu zabrać i z tym kołkiem wcześniej wbitym w ziemię. Bałam się, iż pojawi się właściciel i zacznie krzyczeć, że to jego pies. Jednak musiałam.

I ukradłam psa. Szłam do ośrodka, jedną ręką prowadząc rower, a drugą trzymając za ten koszmarny łańcuch. Pies się trochę opierał, bał nagłych odgłosów i niespodziewanego ruchu na drodze. Więc w chwilach, gdy przejeżdżał traktor albo wóz konny, oboje chowaliśmy się w krzaki. I w ten sposób dotarliśmy na miejsce. W ośrodku w Omulewie była psiarnia. Trzymano tam wyżły i teriery, bo był to ośrodek łowiecki Wojska Polskiego. Spytałam, czy mój pies mógłby z nimi zamieszkać. Mimo różnic rasowych kundel został przyjęty bardzo serdecznie. Pozostał kilka lat. Potem jeden z pracowników powiedział, że go wziął w nagrodę do siebie. Byłam zaniepokojona, czy komuś miejscowemu nie oddał na nową poniewierkę. Pytałam: „Panie Józefie, i jak ten pies?". A on, że elegancką budę ma. „Ale na łańcuchu?" – pytałam. „Jak letniaki przyjeżdżają, to na trochę, a tak to chodzi ze mną, nogi się trzyma".

Psy są dla mnie najważniejsze. Nie mam pewności, czy z drugim człowiekiem mogę tworzyć dwie połówki. Z psem na pewno.

BRZYDKA JAK CHRUSZCZOW

Mama nie chciała mieć dzieci. Zawsze twierdziła, że nie posiada instynktu macierzyńskiego, z czym zresztą w pełni się zgadzam. Jeśli już, to chciała mieć syna. Od dziecka słyszałam jej opowieści o straszliwym porodzie. Przerażała ją ciąża, co rozumiem. Czułam, że za te męki i utratę jej figury powinnam wziąć część odpowiedzialności na siebie.

Opowiadała często, że kiedy się urodziłam, byłam brzydka jak Chruszczow[12]. Ale jak mi się przyjrzała bliżej, to zobaczyła miniaturkę teściowej. Od razu było widać, że jestem Jaruzelska. „Jaruzelskie są nieładne, ale wszyscy Jaruzelscy żenią się z pięknymi kobietami" – mówiła. „Takie to zdechłe..." – dodawała pod moim adresem.

Kiedy oglądam zdjęcia z wczesnego dzieciństwa, widzę ładne dziecko. Nie jakąś piękność, ale też nie brzydkie dziecko. Już jako nastolatka pożyczałam męskie koszule od kolegi lub ojca, nosiłam włosy związane w kitkę, chodziłam bez makijażu. Przeciwieństwo mamy, która miała zawsze długie kolorowe paznokcie, blond fryzury i sukienki w kwiaty.

---

[12] Nikita Chruszczow – I sekretarz KC KPZR w latach 1953-64 i premier ZSRR w latach 1958-64.

W rozkwicie mojej urody, czyli tak około trzydziestki, poszłam wystrojona na jakieś przyjęcie biznesowe, w szpilkach, pewna siebie, umalowana, nonszalancka. Powitała mnie była premierowa Sekułowa[13]. A kiedy się przedstawiłam, powiedziała z niedowierzaniem: „Jaka podobna do taty. A mama taka piękna kobieta...".

---

[13] Bogumiła, żona Ireneusza Sekuły – wicepremiera w rządzie Mieczysława Rakowskiego.

NAZWISKO

Często jestem pytana, dlaczego nie zmieniłam nazwiska. Nie zrobiłam tego, bo jest częścią mojego świata, który budowałam od dawna. Gdybym zaczęła chować się pod jakimś pseudonimem, byłoby jeszcze gorzej, bo i tak wszyscy by wiedzieli, że jestem Jaruzelska.

Był jednak taki czas, że ze względów bezpieczeństwa miałam dowody osobiste wystawione na różne nazwiska. Raz to było nazwisko mojego ówczesnego chłopaka, innym razem panieńskie nazwisko babci, jeszcze innym – Jastrzębska. Na wszystkich chyba posterunkach Milicji Obywatelskiej wiedzieli, że Jastrzębska to jest t a. Czułam się wtedy jak superagent wywiadu.

Był też taki czas, iż czułam się niezręcznie. Nawet nie dlatego, że miałabym się wstydzić nazwiska. Po prostu wiedziałam, że zwraca uwagę i że ktoś od razu będzie mi się przyglądał. W związku z tym zaczęłam się przedstawiać: „Monika ...ska".

Zawsze miałam poczucie, iż nazwisko, z którym się urodziłam, choć innym może kojarzyć się źle, jest częścią mojej tożsamości. Feministki zarzucają mi czasem, że hołduję kulturze patriarchalnej. Ja z kolei nie lubię form typu ginekolożka, psycholożka. Poza tym często ta gineko-

Ojciec w roli figury woskowej. *Na weselu Jerzyka Siwickiego (syna Floriana). Pałac w Helenowie. Lata siedemdziesiąte*

lożka sama przyjmuje nazwisko męża i nadaje je dziecku. A ja uważam, że dziecko powinno dziedziczyć nazwisko zarówno po mieczu, jak i kądzieli. Dla mnie i mojego partnera od samego początku było oczywiste, że nasze dziecko będzie nosiło podwójne nazwisko – matki i ojca.

Decydując się dać synowi nazwisko, oczywiście miałam świadomość, że to nazwisko dziadka i szereg związanych z tym trudności. Ale jednocześnie wiedziałam, że jeżeli ja sobie z tym poradziłam, i to w dużo trudniejszych czasach, to on także da radę. Co sobie zbuduje na tym nazwisku i jakim będzie człowiekiem – stanie się jego tożsamością.

Bawi mnie trochę, kiedy dzieci znanych rodziców narzekają na popularność. Każde głośne nazwisko polityka czy aktora powoduje, że na tę osobę bardziej się patrzy, staje się ona widoczna – z pełnym zasobem plusów i minusów. W dzisiejszych czasach – celebryckiego kultu – rozpoznawalność jest miarą sukcesu. A samo nazwisko, nawet trudne – takim odziedziczonym majątkiem, a więc można je dobrze zainwestować lub bezmyślnie roztrwonić. Oczywiście wiąże się to i z pewnym odium: dzieci znanych rodziców dziedziczą również nienawiść.

Myślałam o tym wszystkim, kiedy Gucio był mały. I pamiętam naszą rozmowę z czasu, kiedy chodził już do przedszkola. Któregoś dnia wracaliśmy z przedszkola samochodem i w pewnym momencie usłyszałam: „Wiesz, mama, ja już nie chcę nazywać się Jaruzelski".

Serce mi na chwilę stanęło. Pomyślałam: „A więc się zaczyna...”. I spytałam, siląc się na wesoły ton: „Dlaczego?”.

Na co mi oznajmił: „Od jutra chciałbym się nazywać Wściekła Kobra!”.

NAZYWAM SIĘ MONIKA JARUZELSKA

Od chwili podjęcia pracy w miesięczniku „Twój Styl" miałam silne poczucie, że najważniejsze w mojej karierze i w samym życiu jest zdobycie niezależności. Oczywiście zawsze będę córką Jaruzelskiego, ale równocześnie wierzyłam, że moje nazwisko zacznie wybrzmiewać odrębnie. Myślę, że świat mody mi to umożliwił. Dziś w tym świecie Monika Jaruzelska jest ważniejsza niż Wojciech Jaruzelski. W tej chwili przedstawiam się pełnym głosem i nie mam z tym problemu.

WIECZNA PANIENKA

Nigdy nie wyjdę za mąż! Pamiętam, kiedy to powiedziałam – podczas wakacji na Krymie. Akurat mama zażarcie plotkowała z moją ulubioną generałową, ciotką Marylą. Była to żona generała Józefa Urbanowicza[14], kobieta piękna i bardzo sympatyczna, podobnie jak moja babcia z nieodłącznym papierosem w dłoni.

Panie opalały się nago, ukryte między wielkimi głazami na brzegu morza. Ich rozmowa musiała dotyczyć męsko-damskich relacji, bo na chwilę przerwałam ganianie jaszczurek po kamieniach w nagłej potrzebie zabrania głosu. Najwyraźniej musiałam być czymś zaskoczona lub zdziwiona, bo ciocia Maryla odpowiedziała: „No tak, jak będziesz duża, wyjdziesz za mąż i będziesz miała dzieci, to zrozumiesz".

Pamiętam uczucie strasznego buntu. Oświadczyłam wtedy, że nigdy nie wyjdę za mąż! A ciotka wybuchnęła śmiechem, bo jak na dziecko powiedziałam to z ogromną siłą.

Niechęć do zalegalizowania związku pozostała mi do dzisiaj. Naprawdę czuję się bezpieczna

---

[14] Generał Józef Urbanowicz – szef Głównego Zarządu Politycznego WP i wiceminister obrony narodowej.

Pierwsze wspólne zdjęcie, *już jako para, z Fedkiem (Kociem). Wiosna '91, Mazury. Fotografowała Ewa Kiszczak*

tylko wtedy, gdy jestem sama. Być może jest to lęk przed potencjalnym zranieniem. W każdym razie można powiedzieć, że jestem nuklearna w związkach. Moim mniej lub bardziej burzliwym rozstaniom, po których mniej lub bardziej było mi przykro, a nawet zaczynałam cierpieć, jednak zawsze towarzyszyło poczucie ulgi. Bo coś się kończyło, ale równocześnie otwierało nowy etap w życiu, bo znowu byłam sama, co oznaczało, że wróciłam. Nawet w sytuacji, gdy partner mnie zostawiał, odbierałam to jako krok do przodu.

Był taki moment, kiedy prawie zdecydowałam się na ślub – z ojcem mojego syna. Akurat byliśmy z tatą Gucia na Mazurach. Trafiliśmy do Urzędu Stanu Cywilnego w Nidzicy, bo na miejscu byli nasi znajomi, których mogliśmy poprosić na świadków. Ale powiedziano nam, że na termin w USC musimy czekać miesiąc. Uznaliśmy wtedy, że trzeba zrezygnować, bo za miesiąc to my już będziemy w Warszawie. Tym razem zadecydował los.

Niedawno sytuacja prawie się powtórzyła. Na feriach zimowych w Zakopanem, podczas gorących dyskusji o związkach partnerskich, przez przekorę i żartem poprosiłam swojego partnera o rękę. Odpowiedzi nie otrzymałam. Ale on głosował na Ruch Palikota.

CHŁOPACZARA

Najbardziej lubiłam chłopców niegrzecznych. Taki typ łobuza. Prymusów nie znosiłam. A pech chciał, że powodzenie miałam u tych grzecznych, chodzących na akademię w białych koszulkach z aksamitką i na co dzień noszących włosy zaczesane w przedziałek.

Były trzy istotne elementy budzące moje dziecięce libido: umiejętność bekania na zawołanie, plucia przez zęby i gwizdania na palcach. Prawdziwy chłopak musiał to umieć. Tylko z takimi mogłam się przyjaźnić i tylko w takich podkochiwać. Najpełniej te warunki spełniali górale z Kościeliska.

Można więc powiedzieć, że podobali mi się chłopcy zupełnie inni niż mój ojciec. On był zawsze kulturalny, bardzo grzeczny i z całą pewnością uchodził za prymusa. Skąd taka sprzeczność? Być może czułam się zdominowana sytuacją rodzinną i szukałam czegoś innego na zasadzie zdrowej równowagi. A być może miałam się jednak urodzić chłopcem.

ZAKOCHANA

Od dziecka byłam ciągle zakochana – i to symultanicznie, w kilku naraz. Oczywiście jak większość dziewczynek, w ludziach znanych z ekranu. Tyle że moje zakochania szły trochę w poprzek trendom.

Taki Mosze Dajan – generał i minister obrony Izraela. Fantastycznie wyglądał w mundurze i nie miał jednego oka. Nosił czarną opaskę niczym pirat. Był niby twarzą z dziennika telewizyjnego, a jednocześnie wyglądał jak postać z bajki. Z miłości do niego nawet zaczęłam się interesować sprawami państwa Izrael. Raz zobaczyłam naszą dozorczynię po wizycie u fryzjerki. Miała mocną hennę na brwiach i trwałą na głowie. „Jak pani pięknie wygląda!" – zawołałam. „Jak Golda Meir[15]". Pani Aniela spojrzała na mnie z przerażeniem i się przeżegnała.

Oczywiście wszystkie dziewczynki uwielbiały czterech pancernych. Każdy chłopiec na podwórku chciał być Jankiem Kosem, bo dziewczynki w Janku się kochały. Na drugim miejscu był Gri-

[15] Golda Meir – premier Izraela w latach 1969-74, uznawana za „żelazną damę" izraelskiej polityki ze względu na decyzje podjęte w sprawie wojny z Egiptem, ataku na izraelskich sportowców w Monachium i wojny Jom Kippur.

gorij Saakaszwili. Mnie też podobał się Janek, ale w pewnym momencie zrozumiałam, że przy nim jest za duży tłok. Wtedy zainteresowałam się Olgierdem. Nie dość, że żadna się w nim nie kochała, to jeszcze musiał zginąć. Miałam tu więc szerokie pole do popisu i serce w całości dla nieszczęsnego Olgierda, granego przez zwierzęco męskiego Romana Wilhelmiego.

Późna podstawówka i czasy licealne to była druga fala fascynacji Beatlesami, którzy mieli dzieci w naszym wieku, a jednak moje pokolenie odkrywało ich na nowo. Tym razem dziewczyny dzieliły się na te zakochane w Lennonie i te od McCartneya. To ja sobie wybrałam Ringo Starra. Taki biedny był, nikt się w nim nie kochał.

PIERWSZY CHŁOPAK

Miałam bardzo poważny związek w pierwszej klasie szkoły podstawowej – z Pawłem. Mieszkaliśmy wtedy jeszcze na starej Ochocie i podczas wakacji, między jednym a drugim wyjazdem, przesiadywałam na podwórku. Tam Pawła spotkałam po raz pierwszy. Chłopcy go przeganiali, pluli, rzucali kamieniami, bo był nowy – dopiero co się przeprowadził. A mnie zafascynował, tym bardziej że świetnie grał w piłkę. Babci zwierzałam się z tej fascynacji i powtarzałam, że chciałabym pójść z nim do tej samej klasy. I tak się stało. Nawet siedzieliśmy razem w ławce – jako para. Wyznawaliśmy sobie miłość. U mnie w domu huśtał mnie na huśtawce linowej podwieszonej w drzwiach na hakach, ale potrafił też nogę podstawić. Jak to w prawdziwym związku: raz miło, raz niemiło. A nasze babcie wręcz się zakolegowały.

Pamiętam jego bohaterski rys – niczym z Tomka Sawyera. Ponieważ babcia opowiedziała mi, że pewnego razu chciał przyjść do mnie, ale coś tam spsocił i ojciec mu zabronił. Przyniósł ponoć ojcu pas, żeby go zbił. Wolał oberwać, niż nie przychodzić do mnie.

Już jako dorośli pozdrawialiśmy się wzajemnie przez znajomych. Paweł zadzwonił do mnie dwa lata temu i poszliśmy na herbatę do restauracji „Kolonia" sąsiadującej z domami naszego dzieciństwa. Sporo się zmieniło, ale samo miejsce pamiętaliśmy dobrze. Nawet okazało się, że często tu bywamy. Ja przyjeżdżałam na spacery z psem. On robił podobnie. Oboje najwyraźniej szukamy wspomnień.

FUTBOLÓWKA

Ważną rolę we wspomnieniach z pierwszego okresu dzieciństwa odgrywała piłka. Jako jedyna dziewczynka w grupie chłopców zmuszona byłam do chłopięcych zabaw. Nie czułam się z tego powodu pokrzywdzona. Po prostu bardzo chciałam się z nimi bawić. Na przykład rysowaliśmy na chodniku tory i pstrykaliśmy kapslami, kto pierwszy do mety. Bo to był czas zwycięstw Ryszarda Szurkowskiego w Wyścigach Pokoju. Za każdym razem niezłomnie je odtwarzając po akcjach sprzątania pani Anieli. Chodziliśmy też na boisko Liceum im. Juliusza Słowackiego, przez dziurę w płocie. Tam grywało się w piłkę. Chłopcy postawili mi warunek: mogę chodzić z nimi i grać, jak przyniosę własną piłkę.

Babcia kupiła mi prawdziwą futbolówkę. Mogłam więc z nimi grać, to znaczy – stawiali mnie na bramkę. Byłoby nadużyciem uznać to za czynną grę. Po prostu dostawałam piłką w głowę. A że niespecjalnie umiałam bronić, to chłopcom dawałam satysfakcję, bo strzelali dużo goli.

Nie jestem fanką piłki nożnej, ale pozostał mi sentyment do bramkarzy. Podczas Euro 2012 moją sympatię wzbudzał ekscentryczny bramkarz Petr Čech.

MONika

Moje pokolenie wychowywało się na dwóch najważniejszych serialach telewizyjnych lat siedemdziesiątych: *Czterech pancernych i psie* oraz *Stawce większej niż życie*. Po wczesnodziecięcej fascynacji pancerniakami i Olgierdem znacznie bardziej zaczęły mnie interesować losy kapitana Klossa. Bo w tym serialu były dancingi, przyjęcia i flirty. Czuło się atmosferę wielkiego, eleganckiego świata. Że od czasu do czasu ktoś kogoś zastrzelił, nie naruszało samej atmosfery takich luksusowych miejsc jak hotel Excelsior. Tu nawet Sturmbannführer Brunner bywał szarmancki.

W moim przypadku historie z ekranu łączyły się z rzeczywistością. Ojciec też był wojskowym. Wiedziałam, że walczył na froncie i został ranny. Większość naszych znajomych to również byli ludzie w mundurach – dla mnie ciocie i wujkowie. Dlatego wojsko kojarzyło mi się z taką wielką rodziną.

W gabinecie ojca na biurku stał zielony telefon. Można się nim było bezpośrednio połączyć z ministerstwem obrony, więc nie potrzebował tarczy do wykręcania numerów. Miał za to napis „MON". Kiedy nauczyłam się liter i przeczytałam go po raz pierwszy, od razu skojarzyłam jako trzy pierwsze litery mojego imienia. Nie miałam wątpliwości, że jedno z drugim ma bezpośredni związek.

Dopiero po kilku latach, kiedy rodziców ktoś zapytał, dlaczego dostałam na imię Monika, a ja powiedziałam, że od tego napisu na telefonie – rodzice wybuchnęli śmiechem.

PANIE GENERAŁOWE

Poznawałam świat przez rozmowy żon, które rozmawiają o innych żonach. W związku z tym Mieczysław Moczar[16] kojarzył mi się z tym, że zostawił żonę lekarkę i zakochał się w swojej sekretarce Fredzie. Wszystkie panie mówiły, że zostawił żonę dla Fredy, która miała wielkie stopy. Ojciec potem był świadkiem na ślubie Moczara z Fredą, za co mama robiła mu awantury. Oczywiście nie ze względów politycznych, tylko obyczajowych. Pamiętam też, że ponoć żona Raula Castro, brata Fidela, miała grube nogi – tak mówiły panie generałowe.

Prowadziły ranking najpiękniejszych pań. Przez długie lata zdecydowanie utrzymywała się na pierwszym miejscu Helena Vondráčková, znana z występów w Sopocie. Chwaliły ją, że ma świetną urodę i sylwetkę. Drugie miejsce zajmowała Bogumiła Wander *ex aequo* z Beatą Tyszkiewicz i ewentualnie z Barbarą Brylską, lecz tutaj głosy były już podzielone. W każdym razie przodował typ blondynki.

---

16 Mieczysław Moczar – uczestnik walk podziemia ludowego w czasie II wojny światowej, członek KC PZPR, minister spraw wewnętrznych w latach 1964-68 i prezes Najwyższej Izby Kontroli w latach 1971-83. Inicjator nagonki antysemickiej po Marcu '68.

Jeżeli były ulubienice, to musiały też być takie, na których nie zostawiało się suchej nitki. Na przykład duży skandal towarzyski wywołało zastąpienie ukochanej Tyszkiewicz w nowej wersji *Lalki* Małgorzatą Braunek. Dodatkowo jeszcze Braunek podpadła rolą Oleńki Billewiczówny. Tu akurat panie generałowe otrzymały silne wsparcie artystów i intelektualistów. Nawet Janusz Głowacki w recenzji *Potopu* napisał z charakterystyczną dla siebie błyskotliwą zgryźliwością: „a w roli Oleńki – znany szwedzki aktor, Max von Sydow"...

Największą zbereźnicą PRL-u była Kalina Jędrusik. Już towarzysz Gomułka zaczął mieć z nią problemy natury obyczajowej, podjudzany przez żonę Zofię, moralnie dotkniętą wyzywającym wyglądem i zachowaniem Kaliny. Wnikliwie z ramienia partii interesujący się ludźmi sztuki Zenon Kliszko[17] nie owijał w bawełnę. Nazwał ją „cycatą wywłoką, potykającą się o własny biust i błyskotki", czym dał satysfakcję wszystkim małżonkom. A tymczasem Kalina zrobiła coś znacznie gorszego. Zagrała z Danielem Olbrychskim obsceniczną scenę w *Ziemi obiecanej* Andrzeja Wajdy.

Byli i męscy idole. Panie, na czele z moją mamą, bardzo ożywiały się, gdy w telewizji słyszały zmysłowy męski bas Adama Zwierza. „Ależ to przystojny mężczyzna..." – wszystkie zgodnie wzdychały. „A jaki ma głos...". Mama zawsze dodawała fachowo:

---

[17] Zenon Kliszko – sekretarz KC PZPR, członek Biura Politycznego, wicemarszałek Sejmu, najbliższy współpracownik Władysława Gomułki. To on był w 1968 roku inicjatorem zdjęcia z afisza Teatru Narodowego *Dziadów* w reżyserii Kazimierza Dejmka.

„basso profondo". Najbardziej na nie działał piosenką *Śpiewam Tobie, zielonooka*. Rozmarzały się wtedy, patrzyły w okno i każda z nich chciała zostać tą zielonooką. Nawet pani Bodzia wchodziła do jadalni, a wraz z nią inne panie pracujące w kuchni, by posłuchać *Zielonookiej* i otrzeć łzę wzruszenia.

A kiedy w Kołobrzegu Adam Zwierz śpiewał:

Gdy Polska da nam rozkaz
Stanie cały naród nasz
Jak zielony młody las
Zgłosimy się do wojska

działał magicznie na panów generałów, którzy nabierali wtedy godności i dumy ze swej służby. Nawet gdy byli po cywilnemu, dało się wyczuć, że odruchowo prężą się do postawy na baczność.

Ja natomiast uwielbiałam z kolegami z podwórka śpiewać piosenkę *Parsęta*:

Płynie przez Kołobrzeg Parsęta, Parsęta
Dziesięć dni kto przeżył, pamięta, pamięta
(...)

Kościół w twierdzę zamienili hitlerowcy podli
Kto te mury atakował, nauczył się modlić
Sześciu z nas trzymało gruzy do rana białego
Przy poparciu armat oraz świętego Jerzego...

Krzyczeliśmy wniebogłosy i rozpierała nas dziecięca radość.

Całkiem niedawno na szkolnym przedstawieniu mojego syna siadłam obok wysokiego, postawnego i bardzo eleganckiego pana. W pewnym momencie odezwał się do mnie z taką przedwojenną kurtuazją: „Pani Moniko, pani pozwoli, że się przedstawię – Adam Zwierz"...

Okazało się, że do klasy Gucia chodzi wnuczka pana Adama, Weronika. Ma ciemne, wyraziste oczy i duży temperament. W zerówce syn twierdził, że jest najsilniejsza w klasie i że boją się jej wszyscy chłopcy. Nawet starszy o kilka lat brat, którego, jak stwierdził z szacunkiem Gucio, też podobno tłucze.

Muszę dodać, że wśród żon wiceministrów i generałów zdecydowanie wyróżniały się dwie panie. Teresa Kiszczak, zwana przez męża[18] Sabcią, nauczycielka ekonomii, która nosiła rozpuszczone włosy i, co na tamte czasy było dosyć egzotyczne, interesowała się jogą. A drugą była żona wiceministra Zbigniewa Nowaka[19], Barbara, chemik z wykształcenia, typ harcersko-sportowy. Nigdy nie uczestniczyła w plotkach i intrygach.

[18] Generał Czesław Kiszczak – szef Zarządu II Sztabu Generalnego WP, szef Wojskowej Służby Wewnętrznej, minister spraw wewnętrznych, premier PRL i wicepremier pierwszego niekomunistycznego rządu Tadeusza Mazowieckiego.

[19] Generał Zbigniew Nowak – zastępca szefa Sztabu Generalnego WP, główny inspektor Techniki WP, wiceminister MON.

SZYK MUNDURU

Na starej Ochocie, przez to, że mieszkaliśmy w towarzystwie innych wojskowych, tworzyła się środowiskowa atmosfera, która z kolei sprzyjała kontaktom towarzyskim. Organizowano przyjęcia. Dla mnie jako dziecka dosyć kłopotliwe, bo wstydziłam się kontaktów z dorosłymi, a zwykle należało grzecznie dygnąć i komuś miło powiedzieć „dzień dobry" i „do widzenia". Przez ścianę bezpośrednio sąsiadował z nami generał Teodor Kufel[20], znana postać. Miał żonę dentystkę, którą zapamiętałam jako bardzo szykowną damę. Do nich przed snem, aby wszystkim powiedzieć „dobranoc", jeszcze najbardziej miałam odwagę wchodzić.

Świat przyjęć kojarzył mi się z wielkim światem zapachów. Większość osób paliła i ponad ich głowami unosiła się woń zagranicznych papierosów kupowanych w Peweksie albo powszechniej dostępnych, lecz uchodzących także za luksusowe carmenów. Symbolicznym akcentem przyjęć były również koreczki z sera.

Panowie podczas tych imprez byli w cywilu, a więc zdecydowanie bardziej na luzie. Lecz na co dzień, do pracy, zakładali mundury. A mundur nada-

---

20 Generał Teodor Kufel – szef Wojskowej Służby Wewnętrznej MON.

je mężczyźnie formę, w której zawarta jest i godność, i uroda. W przypadku wyższych oficerów najwłaściwszy szyk nadaje im mundur galowy.

Jakże dziwnie potem wyglądali ci generałowie na plaży, po wyjęciu z formy. Do tego przypalali sobie na słońcu plecy, które panie generałowe obkładały im kwaśnym mlekiem.

Pod tym względem młodzi żołnierze mieli zdecydowanie lepiej. Oni mogli się obnażać, pokazywać opalone podczas sianokosów torsy idealnie komponujące się ze spodniami moro, nawet gdy te spodnie bywały rozciągnięte. Mundur z jednej strony dyscyplinuje, a z drugiej przydaje atrakcyjności. Za mundurem panny sznurem – to hasło długie lata nie traciło na znaczeniu. Sprawdzało się niestety również w przypadku niemieckich mundurów, które szyte w firmie Hugo Bossa uznawane były za najelegantsze w świecie. Mit przystojnego esesmana to w głównej mierze zasługa tego projektu.

Małżonki generałów również trzymały formę – ich obcisłe, podkreślające figurę sukienki, choć kolorowe, były odpowiednikiem mundurów. Do tego sztywne fryzury, dosłownie żelbeton na głowie z litrem wypstrykanego lakieru. I obowiązkowy zapach perfum Masumi, również nabywanych w Peweksie. Atmosfery dopełniały obowiązkowe plotki na temat innych żon tudzież kochanek... I między tymi małżonkami oraz ich dziećmi zupełnie zjawiskowa Magda Umer, która mieszkała w sąsiedniej kamienicy. Wówczas studentka polonistyki, przez nasze podwórko przechodziła w bananowej spódnicy, w kapeluszu, długim płaszczu i dużych koralach na szyi. Patrzyłam na tego zjawiskowego motyla z podziwem.

NIEMCY

Z początkiem lat siedemdziesiątych pojechaliśmy z rodzicami na ferie zimowe do NRD. Do malowniczo położonego w Rudawach górskiego ośrodka wojskowego. Przez bite dwa tygodnie sypał śnieg, a więc panowała atmosfera niczym z bajki, piękne widoki rozciągające się z okien, codziennie możliwość poszusowania na nartach – a ja cały czas w poczuciu zagrożenia.

Ponieważ byłam polskim dzieckiem wychowanym na filmach wojennych. Język niemiecki – twardy, gardłowy, zdecydowanie mi obcy, mimo że mama była germanistką. Jeszcze wtedy nie kojarzył mi się z wielkimi romantykami. To był język niemieckiego okupanta, faszysty. Co prawda mówiło się, że ci źli Niemcy to mieszkają w enerefie, a dobrzy w enerde. Ja jednak nie rozumiałam wówczas takich niuansów. Niemiec dla mnie to był Niemiec. Wystraszyłam się już podczas powitania, oficjalnego, bo ojciec mimo że przyjechał na ferie, to został przyjęty jako minister obrony z odpowiednimi honorami. Zobaczyłam niemieckie mundury i usłyszałam tę twardą mowę. Mama oczywiście brylowała, czuła się jak ryba w wodzie ze swoją znajomością języka i kultury. A ja, kiedy zostawałam sama w pokoju, to czasami nie mogłam zasnąć. Bałam się tego obcego środowiska, brałam kołdrę, zawijałam się w nią i kładłam pod drzwiami pokoju rodziców.

W domu zawsze leżały prenumerowane przez mamę egzemplarze dwóch pism niemieckich, „Der Spiegla" i „Sterna". Przeglądałam je, bo zdecydowanie bardziej były otwarte obyczajowo od polskich czasopism. Ale języka nigdy się nie nauczyłam. A mama kiedyś przyśniła mi się w mundurze Sturmführera Hansa Stedtke[21].

[21] Sturmführer Hans Stedtke – jeden z czarnych bohaterów *Stawki większej niż życie*.

ŚPIEWAM POD GOŁYM NIEBEM

Pewnego lata spędzałam jak zwykle wakacje w mazurskim ośrodku wojskowym. Panie generałowe były z dziećmi, a mężowie generałowie dojeżdżali na soboty. Wtedy organizowano uroczystą kolację w jadalni ośrodka.

Panowie komplementują panie w ich obcisłych sukienkach, całują w rączkę i szarmancko sadzają przy stole, atmosfera niezwykle uroczysta, no i włączony w jadalni telewizor – kolorowy rubin, oczywiście produkcji radzieckiej. A w telewizji transmisja z festiwalu w Opolu lub Sopocie i występ Ireny Jarockiej.

Wszyscy jedzą, popijają i zerkają na ekran. Gdyby tam pojawiła się Maryla Rodowicz i zaśpiewała *Gdy piosenka szła do wojska* albo Józef Nowak oświadczył, że *Takiemu to dobrze,* wprowadziliby towarzystwo w odpowiedni do sytuacji stan. A tymczasem pojawia się Irena Jarocka. Mało tego, wychodzi na scenę w pakistańskiej bluzce uszytej jakby z bandaża. Któraś z generalskich małżonek nie wytrzymuje i mówi: „Zaraz, zaraz, czy ona bielizny przypadkiem nie zapomniała...?". Rzeczywiście, teraz już wszyscy widzą, że piosenkarka nie ma stanika. W jadalni konsternacja wśród pań i komentarze: „Pewnie w tym Paryżu ją tak nauczyli...", bo wiadomo było, że Jarocka cztery lata przebywała we Francji na stypendium. Na to reaguje jeden z generałów: „No, ale trzeba przyznać, że dziewczyna dobrze zbudowana...". Nie mógł tego lepiej ująć. Panie purpurowieją i dokładają Jarockiej coraz mocniej. Panowie kurczą się w sobie. Atmosfera *faux pas* ciężko narasta.

Tuż przed zaśnięciem usłyszałam głos mojej mamy: „No i co, Wojtku, tobie też ta z tymi wymionami się podobała?". Jak znam ojca, na pewno gorliwie zaprzeczył.

Bardzo lubiłam piosenkę Jarockiej *Śpiewam pod gołym niebem*, a ona sama była dla mnie ideałem kobiecego piękna. Wolałam się jednak do tego przy paniach generałowych nie przyznawać.

Zimą 2012 roku, podczas pobytu w ukochanym Zakopanem, dowiedziałam się o jej śmierci.

ELITA

Dygnitarze partyjni, generałowie oraz ich żony byli wówczas elitą. I podczas gdy piastujący najwyższe stanowiska panowie ze względów ideologicznych musieli bardziej powściągać swe potrzeby natury konsumpcyjnej, tak ich małżonki często chciały odgrywać rolę księżniczek, bez specjalnych wyrzutów sumienia wobec narzuconego społeczeństwu komunistycznego wzorca. Dotyczyło to nie tylko stanu posiadania, lecz także mniemania, że nam wolno wszystko.

Można by te dygnitarskie małżonki porównać z żonami dzisiejszych biznesmenów, które na przyjęciach wyróżniają się nie tylko droższą biżuterią. Również poziomem wydawanych z siebie decybeli. Im wyższe stanowisko męża, tym żona w towarzystwie głośniejsza. Arogancja władzy wtedy i arogancja pieniądza teraz. Nawet powiedziałabym, że współczesna arogancja pieniądza większa. Bo wtedy jednak obowiązywał protokół pewnych zachowań, wszak władza miała być ludowa.

Z początkiem lat siedemdziesiątych bardzo głośna była historia pewnej generałowej, która uderzyła w twarz kierowcę. Doszło między nimi do sporu, kierowca generałowej niegrzecznie odpowiedział, w końcu go spoliczkowała. Mąż miał z tego powodu spore kłopoty.

Pamiętam oburzenie ojca, który po tym incydencie powiedział: „Dać w pysk można swojemu mężowi, ale nigdy kierowcy!”.

Za panami generałami stała armia. Na co dzień mieli do czynienia z podwładnymi, którym wydawało się rozkazy, i z bronią. Do tego dochodziła sytuacja polityczna – kiedy w pracy prowadzili zimną wojnę, w domu woleli mieć święty spokój. Z kobietami bywało inaczej. Niektóre małżonki w swoich czterech ścianach odczuwały silną potrzebę dominacji.

RYBKI

Pierwszy raz wyjechałam za granicę w wieku czterech lat. Pojechaliśmy do Jugosławii, która wtedy, w 1967 roku, jako pierwszy kraj bloku komunistycznego otwarła szeroko swe granice dla cudzoziemców, czego oczywiście nie mogłam wiedzieć. Pamiętam tylko, że dostałam zapalenia ucha po kąpieli w wodach Adriatyku. Potem były moje urodziny i rodzice zabrali mnie do oceanarium, gdzie oglądałam wspaniałe ryby i homary. Wieczorem zorganizowano kolację, niby specjalnie na cześć małej jubilatki. A tak naprawdę była to impreza dla dorosłych, gdzie wśród gości dominowali wojskowi jugosłowiańscy. I w pewnym momencie na stół zaczęły wjeżdżać ryby, na czele z wielkim homarem, który miał oczy i wąsy. Ten kulinarny spektakl wywołał moją rozpacz. Zaczęłam krzyczeć, że rybki są do patrzenia, a nie do jedzenia.

Od tej pory nie jadam ryb.

KRYMSKIE WAKACJE

Przez kilka lat jeździliśmy z rodzicami na Krym, do ośrodka wojskowego, który leży u stóp słynnej Góry Niedźwiedziej opisanej przez Mickiewicza w sonecie *Ajudah.*

W pamięci pozostał mi zapach słonej wody i rozgrzanych kamieni na kamienistej plaży. Ale był to bardzo specyficzny zapach, bo kojarzył mi się z wonią rozkładającego się w upale mięsa krabów.

Na Krym przyjeżdżał wtedy marszałek Andriej Grieczko, ówczesny minister obrony narodowej ZSRR. Trochę później zaczął przyjeżdżać marszałek Wiktor Kulikow, głównodowodzący wojskami Układu Warszawskiego, który przejął to stanowisko po Grieczce.

Kulikow miał dwóch wnuków, Griszę i Sieriożę. Jeden był w moim wieku, drugi o rok młodszy. Bawiłam się z tymi chłopcami, razem pływaliśmy w morzu albo obrzucaliśmy się meduzami. Ci wszyscy zjeżdżający do ośrodka marszałkowie i generałowie byli mężczyznami daleko nieatrakcyjnymi, zwykle brzuchatymi, o grubych rysach twarzy, no i w moim pojęciu starymi. Ale bywał tam adiutant jednego z marszałków, Gruzin z pochodzenia. Pięknie zbudowany, śniady, młody chłopak, który często się z nami bawił. Nosił ze sobą lusterko. Jakże inne od znanych mi z Polski lusterek. Podczas gdy chłopcy z naszej ochrony z tyłu swoich lusterek mieli zdjęcia Bardotki albo Sophii Loren, on miał wizerunek Stalina... już od wielu lat niezgodny z linią partii, lecz adiutant był przecież Gruzinem. Umiłowany Josif Wissarionowicz Dżugaszwili wciąż cieszył się wśród rodaków dużą popularnością. I tymże lusterkiem straszyliśmy jaszczurki, które chodziły po kamieniach lub po budynku, puszczając w ich stronę zajączki. Mnie oczywiście adiutant szalenie się podobał, bo wspaniale pływał, nurkował, wyszukiwał w wodzie cudowne muszle. Byłam w niego wpatrzona zakochanym spojrzeniem.

Adiutant podczas zabaw z nami nie bywał w mundurze. Chodził w kąpielówkach. Ale z dzisiejszej perspektywy trudno byłoby te majtki uznać za strój plażowy. Były to raczej bieliźniane majtasy, być może z wojskowego przydziału, dosyć luźne, tym bardziej pod wpływem wody. Pewnego dnia zobaczyliśmy, jak adiutant staje na baczność, bo obok nas przechodził któryś z mundurowych oficjeli. Chłopak wyprężył się, mimo że był w samych kąpielówkach. Stanął wyprostowany niczym struna, tak że każdy mięsień jego ciała osiągnął poziom nieprawdopodobnego napięcia. Nagle jeden z chłopców Kulikowa powiedział do mnie: *Smatri na jewo żopu* (Popatrz na jego dupę). Pośladki miał napięte równie mocno jak wszystkie pozostałe mięśnie, a że majtasy były mokre, oblepiły mu tyłek i dodatkowo odznaczyły to napięcie. Strasznie nas ta sytuacja rozbawiła, staliśmy za jego plecami i dziko chichotaliśmy, zasłaniając sobie usta rękoma. A miłość pękła jak bańka mydlana.

Wśród dorosłych marszałek Grieczko uznawany był za bardzo przystojnego mężczyznę. Mówiono, że jego żona wygląda raczej na jego matkę. Rzeczywiście, te radzieckie małżonki wyglądały dużo starzej i gorzej od swoich mężów. Większość z nich to były tak zwane frontowe towarzyszki, *wojennyje żeny*, a więc kobiety poznane podczas walk z faszystami, odważne i ofiarne bohaterki wojny ojczyźnianej. Trzydzieści lat po wojnie – grube, o przekrwionych licach, łyskające złotymi zębami, niewiele różniły się od babuszek z głubinki[22]. Choć jednocześnie zapamiętałam je jako wyjątkowo ciepłe i bezpretensjonalne. Mężowie, mimo że ich rówieśnicy lub nawet trochę starsi rocznikowo, jednak zakładali mundury i dzięki temu stawali się bardziej wyraziści. Dotyczyło to również marszałka Grieczki i jego małżonki...

Pamiętam, że kiedyś wybraliśmy się w góry na maślaki. Po dłuższej wędrówce, z pełnymi już grzybów koszami, urządziliśmy sobie piknik. Jak to w Rosji, nie mogło obejść się w takiej sytuacji bez muzyki i tańców. Marszałek Grieczko poprosił do tańca moją mamę. Co wcale nie powinno dziwić, bo mama oczywiście wyróżniała się bardzo na tle tych towarzyszek frontowych nie tylko urodą i figurą, lecz także zadbaniem o siebie. Miała kolorowe sukienki, poruszała się krokiem zawodowej tancerki i zdecydowanie wśród tych pań mogła uchodzić za światową damę.

Zaczęła tańczyć z marszałkiem Grieczką. Chwilę im się przyglądałam, by nagle poczuć, że

---

22 Głubinka (ros.) – prowincja.

w tej scenie jest coś żenującego, co mnie zawstydza, co dziać się nie powinno. I nie wiem, czy to z powodu ojca, czy z całkiem innych powodów, ale musiałam natychmiast zainterweniować. Mimo że byłam nieśmiałym dzieckiem i bałam się reakcji mamy, podbiegłam do nich i przylgnęłam tak mocno do mamy, że nie była w stanie już tańczyć.

To był jedyny bohaterski moment, kiedy targnęłam się na władzę radziecką.

MOTYLEM JESTEM

Lata siedemdziesiąte zapamiętałam jako czas swojej dziecięcej euforii i wszechobecnego optymizmu. Było „Lato z radiem" i przebój Alibabek *Jak dobrze wstać skoro świt*, był serial *Czterdziestolatek* i słynna piosenka Andrzeja Rosiewicza. A na ulicach widziało się polskie dzieci kwiaty – długowłose dziewczyny w bananówach i fantazyjnych kapeluszach. Pojawili się żołnierze w niebieskich hełmach, co dawało poczucie, że nie będzie już wojny, pierwszy Polak poleciał w kosmos, nauka szła do przodu, a z nią wszystko ku lepszemu. Zapanowała wiara w świat i w człowieka, chyba po raz pierwszy od dwudziestolecia międzywojennego.

Z radością dziecka przyjmowałam propagandę sukcesu. Kiedy Jarocka śpiewała *Motylem jestem*, wiedziałam, że świat jest dobry. A kiedy jeszcze pojawiła się coca-cola, świat okazał się wspaniały.

TOWARZYSZKA PANIENKA

Było nas kilka osób na wakacyjnym wyjeździe. Poszliśmy na daleki spacer. Bardzo lubię chodzić po lesie, po trzęsawiskach, takim dzikim terenie. Dlatego co jakiś czas gnałam grupę w letnie popołudnie, żeby zobaczyła jeszcze jedną sosnę albo jeszcze jeden wąwóz. W końcu mieli dość. Ktoś z nich zapytał: „Kiedy wracamy?". Drugi złośliwie odpowiedział: „Kiedy towarzyszka panienka zdecyduje". Pamiętam, że całe wakacje potem już za mną ta „towarzyszka panienka" chodziła.

To powiedział Marek Kącki – kolega, w sumie najbliższy przyjaciel, który wtedy studiował prawo, a dziś jest wziętym prawnikiem warszawskim. Miał blisko dwa metry wzrostu i mówił o sobie, że jest jak ten czołg czterech pancernych, Rudy 102, bo ważył sto dwa kilo. Dusza towarzystwa, z niezwykłym poczuciem humoru, zawsze udawał, że jest moim ochroniarzem. No i to określenie z czasu spaceru też mu zostało. Ja go przedstawiałam jako przyjaciela, a on oświadczał: „Tak jest, towarzyszko panienko!".

Raz pojechaliśmy do Dębek pod namiot. W fajnym towarzystwie popalaliśmy trawę, i bardzo mi zależało na tym, aby pokazać, jaka jestem normalna. Wybłagałam go, żeby nie udawał mojego ochroniarza. Owszem, udało się mu nie udawać do trzeciego kieliszka. A potem zaczął opowiadać, jak to siedzi rano przed namiotem i czyści broń. Zerkał na mnie i teatralnym głosem stwierdzał: „O, przepraszam, miałem tego nie mówić...". Albo gwałtownie wstawał i chwytał niby za kaburę.

Kiedyś miałam dość jego żartów i sama poszłam do znajomych na ognisko. Dosyć szybko mnie odnalazł. Podszedł ze słowami: „I co, fajnie się siedzi?... Dokumenty proszę!". Mimo moich usilnych protestów kilka osób udało mu się wylegitymować.

OSTATNIE LATO
PRZED STANEM WOJENNYM

Kojarzy się z dawno zagubionym zdjęciem, które zrobił mi chłopak na Mazurach w dzień moich osiemnastych urodzin, czyli 11 sierpnia. Jestem roześmiana, bo chciałam wdrapać się na brzozę i zapozować do artystycznej fotografii. Oczywiście nie do końca się to udało, bo prawie spadłam i wyszło zabawne zdjęcie.

Miałam wtedy sporo życiowej śmiałości. Uwielbiałam swoje liceum od strony towarzyskiej. Nie lubiłam specjalnie się uczyć, choć rozsmakowałam się w czytaniu. To był czas pierwszego zetknięcia z Freudem i Dostojewskim. Ambitnie próbowałam rozgryźć osobowości obu panów. Zastanawiałam się nad studiami psychologicznymi albo nad reżyserią filmową.

STAN WOJENNY

Nawet nie wiedziałam, co to jest stan wojenny.

Pamiętam, że było zimno. Spałam tego dnia dłużej, bo przecież niedziela. I kiedy zeszłam do kuchni na śniadanie, mama z gosposią siedziały przy włączonym radiu. Z głośnika rozlegał się głos mojego ojca. W pewnym momencie mama powiedziała: „Wojna jest...". A ja sobie jeszcze zaśpiewałam pod nosem: „Tera je wojna / Kto handluje ten żyje...". Bo wiedziałam, że moja mama zawsze lubi dramatyzować.

Potem okazało się, że telefon jest wyłączony i z nikim nie można się skontaktować, a ojca nie ma w domu. Żarty się skończyły.

Przez ten cały czas go nie było. Miał swój pokój w Urzędzie Rady Ministrów i tylko od czasu do czasu przyjeżdżał jego adiutant po świeże koszule. Czułam ogromne napięcie polityczne. Źle to emocjonalnie znosiła mama. Ja też nie wiedziałam tak naprawdę, co się dzieje. Pod domem postawiony został skot, żołnierze grzali się przy koksowniku, gdzieś tam dalej przejeżdżały ulicami czołgi i panował ostry mróz – kadry niczym z filmu wojennego. Jedyne, co tak bardziej do mnie docierało, to informacja, że szkoły są pozamykane.

To oczywiste, że rodziny internowanych miały nieporównywalnie gorzej, ale i dla nas to był bardzo trudny czas. Dochodziło do spięć z mamą. Nikt się emocjonalnie mną wtedy nie zajął. Nikt nie pomyślał, żeby mnie jakoś uspokoić, pomóc znaleźć się w tym wszystkim – cokolwiek wytłumaczyć. Obie byłyśmy zagubione i podenerwowane. Tym bardziej że atmosfera zagubienia udzieliła się wszystkim wokół. Chodziły słuchy, że ludzie z Solidarności zaczną się mścić albo że Sowieci wejdą i wybuchnie ogólna jatka, bo polskie wojsko stanie po stronie narodu. Naprzeciwko mieszkali państwo Mannowie, z ich synem Wojtkiem (chudym, w przeciwieństwie do znanego wszystkim z telewizji Wojciecha Manna) przyjaźniłam się od dłuższego czasu. Pani Mann, żona przedwojennego oficera i była więźniarka po ciężkich przejściach obozu koncentracyjnego, pokazała mi dziurę w płocie i zapowiedziała, że jeśli mieliby napaść na nas, to dziurą do niej, a ona mnie przechowa.

Ojciec po raz pierwszy zadzwonił 16 grudnia. I powiedział zmienionym głosem: „Moniczko, stało się coś strasznego, stała się wielka tragedia”... Chodziło o górników zabitych w kopalni Wujek. Wtedy dotarła do mnie w pełni groza sytuacji i świadomość jego odpowiedzialności za wszystko. Nogi się pode mną ugięły. Już wiedziałam, że ta tragedia zaciąży na całej naszej rodzinie być może na zawsze.

Niedawno oglądałam z synem ostatnią część *Harry'ego Pottera*. W tym filmie panuje atmosfera podobna do zimy 1982 roku: cały czas ciemno, wszystko zamrożone, depresyjne, bez odpowiedzi na pytanie: co dalej? Całkowity brak nadziei, kiedy nad światem rozciąga się cień Voldemorta. Wtedy to był cień WRON-y.

Miałam tej zimy ’82 poczucie dojmującej samotności. A to był przecież rok, w którym przygotowywałam się do matury. Wnet mieliśmy bawić się na studniówce. W klasie, wiadomo, w większości ludzie z opozycyjnym nastawieniem. Ale ich się nie bałam. Byliśmy zżyci – ja ich dobrze znałam, a oni mnie.

Rodzice jednej z koleżanek byli zaprzyjaźnieni z rodziną Jacka Kuronia. Koleżanka zadzwoniła do mnie, że zmarła żona Kuronia, Gaja, i żebym poprosiła ojca, by zwolnił Kuronia na pogrzeb. Zadzwoniłam. W latach dziewięćdziesiątych spotkałam Jacka Kuronia w SARP-ie. Podszedł do mnie i powiedział: „Dziękuję". Czułam się tym bardzo skrępowana.

Próbowałam zrozumieć racje ojca. Po części rozumiałam. Tym bardziej że znałam jego skłonność do czarnowidztwa, które on sam pewnie uważa za pragmatyzm i dalekowzroczność. Ma do tego prawo po swoich dramatycznych przejściach z młodości.

Na tragedię śmierci górników z Wujka nałożyła się jeszcze kolejna sprawa. Nagrano rozmowę Lecha Wałęsy z bratem i zaczęto puszczać do wiadomości publicznej, aby go skompromitować. Wiedziałam, że zrobili to ludzie ojca. I wtedy poczułam silny kryzys moralny. Tragedia w Wujku nie była odgórnie przygotowaną egzekucją. Stało się to pod wpływem emocji chwili. A więc można było uznać to za wypadek, którego nikt nie przewidział i nikt nie chciał. Nagrania natomiast dokonano z premedytacją. I czułam, że jest to niehonorowe, nieoficerskie, brudne w swojej wymowie. Żadna racja stanu tego nie wymagała.

SŁYNNE UCIECZKI

Każdemu dziecku na jakimś etapie rozwoju wydaje się, że rodzic jest wszechwładnym bytem – wszystko wie najlepiej i wszystko od niego zależy. W moim przypadku to nie była tylko kwestia dziecięcego wrażenia.

A ja zawsze chciałam być oddzielnym bytem. I robiłam wszystko, aby inni o tym wiedzieli. Choć takiego radykalnego buntu wprost we mnie nie było. Czułam siłę i władzę moich rodziców. I doskonale wiedziałam, że nie mam większych szans w starciu z całym Układem Warszawskim.

Na szczęście też nikt mnie nie indoktrynował, do niczego ideologicznie nie zmuszał. Na przykład – że powinnam wstąpić do Związku Młodzieży Socjalistycznej. Ojciec miał co prawda pomysł, żebym została harcerką, ale mama protestowała. I też nie ze względów ideologicznych. Po prostu bała się, iż zaraz to się skończy jakimś szpitalem, więc „po co to zdechłe tam wysyłać?"... Robiłam pewnie o wiele bardziej niebezpieczne rzeczy w czasie wakacji, skacząc na główkę do jeziora, rzucając finką czy zjeżdżając po poręczy nad piwnicą, lecz o tym przecież nie wiedziała.

Konflikty między nami były. I miałam wtedy potrzebę izolacji. Informowałam chłopaków z ochrony, że wyprowadzam się, i podawałam adres. Bałam się, że jak im nie powiem, będą mieli kłopot. To byli moi przyjaciele, osoby bliskie, nie chciałam, żeby ponieśli konsekwencje w związku z moimi ucieczkami. Nawet nie chodziło o konsekwencje ze strony moich rodziców. Ważniejsi byli ich przełożeni.

Tak więc moje ucieczki z domu, kiedy na nie patrzę z dzisiejszej perspektywy, można uznać, że były na legalu.

Oprócz jednej, w Dębkach. Mieszkałam na polu namiotowym. W ochronie nie było nikogo ze znajomych chłopaków. Z Markiem Kąckim zrobiliśmy podmiankę namiotów, żebym mogła uciec z narzeczonym i zaprzyjaźnioną wtedy Kasią Jaruzelską. O świcie pojechaliśmy do Gdyni z listem polecającym od Doroty, mamy Kasi. Zapukaliśmy do starej przedwojennej willi z prośbą o nocleg. Wtedy chyba rzeczywiście nikt nie wiedział, gdzie jestem. Ale po paru dniach poszłam do automatu, by zadzwonić do domu i powiedzieć, że wszystko w porządku.

W czasie stanu wojennego wyniosłam się do przyjaciół, Ani i Wojtka Mannów, do ich domu w Otrębusach, nieopodal Podkowy Leśnej. Przesiedziałam u nich dwa tygodnie.

Emocjonalne i intelektualne schronienie otrzymałam w domu Doroty i Jerzego Jaruzelskich[23]. W sumie zbieżność naszych nazwisk jest przypadkowa. Istnieje jakieś tam dalekie pokrewieństwo, ale

[23] Dr Jerzy Jaruzelski – historyk, autor takich książek jak *Mackiewicz i konserwatyści. Szkice do biografii*, *Książę Janusz (1880-1967)*, *Stanisław Cat-Mackiewicz (1896-1966) – Wilno, Londyn, Warszawa*. Wywodzi się z linii Jaruzelskich właścicieli Siemionek w gminie Jeziora Wielkie.

poznałam ich na Mazurach, kiedy kupiliśmy działkę obok, przez płot. Mieli młodszą ode mnie o dwa lata córkę, wspomnianą już Kasię. Ideologicznie byli po drugiej stronie barykady niż mój ojciec, ale ich moralna klasa nie pozwoliłaby na to, bym miała to kiedykolwiek odczuć.

Wiem, że o moich ucieczkach z domu w czasie stanu wojennego krążyła legenda miejska. Dodawała mi rewolucyjnego nimbu. Ale prawda jest bardziej prozaiczna. Moje ucieczki wynikały z tego, że po prostu źle się czułam w domu.

MOJE INTERNOWANIE

Maturę zdałam z kiepskimi wynikami. Dlatego postanowiłam nie zdawać na studia, przynajmniej nie teraz. Miałam rok przerwy. Zostałam sama w domu. To był czas ogromnej samotności... Czułam, że zamknięto mnie w świecie czterech ścian, z którego nigdy się nie wydostanę. Przyjaciele już studiowali i siłą rzeczy oddalili się ode mnie.

Sprawa przybrała w pewnym momencie bardzo dramatyczny wymiar, ale to wspomnienie nadaje się już na inną książkę. W tej samotności zaczęłam gruntownie się przygotowywać do egzaminów na polonistykę – jeden z najbardziej politykujących wydziałów. Lecz wtedy w ogóle o tym nie myślałam. I zdałam ostatecznie z bardzo dobrym wynikiem.

Przez ten rok mojego „internowania" studia stały się najważniejszym celem w życiu.

INDEKS I HRABIANKA

Pobyt na uniwersytecie miał być przepustką do wolności, samodzielności, powrotem do normalnego życia. I był.

Lecz radość z osiągnięcia wytyczonego celu szybko została skonfrontowana z rzeczywistością pierwszego dnia na uczelni. Początek października – dzień rozdania indeksów. Miałam wówczas dwadzieścia lat i najbardziej znienawidzone nazwisko w kraju. Siedziałam w auli, w której zebrało się kilkaset osób, dziekan, pracownicy naukowi i wszyscy dopiero co przyjęci na studia. I zaraz miał nadejść ten moment, który powinien być chwilą wielkiej chwały, kiedy odczytują twoje nazwisko, kiedy wychodzisz na środek, odbierasz indeks i gratulacje jako nowo namaszczony wybraniec. Nie dla mnie te splendory.

Bo dla mnie ten dzień miał stać się wielkim stresem i doznaniem wstydu. Zdawałam sobie sprawę, że kiedy moje nazwisko zostanie wyczytane, to te kilkaset par oczu skieruje się w moją stronę. I raczej nie z sympatią. Może i bez nienawiści, lecz na pewno z niezdrową ciekawością.

To piętno z jednej strony potwornie paraliżowało. Z drugiej – mobilizowało. Instynktownie wyczułam, że wszystko zależy ode mnie: w jaki sposób wyjdę na środek i odbiorę ten indeks, tak będę

Czas studiów na polonistyce: *czytanie i pisanie, picie i palenie. W swoim pierwszym mieszkaniu obok Uniwersytetu*

traktowana w przyszłości na uczelni. Wiedziałam, że nie mogę okazać strachu, a jednocześnie iść za bardzo sztywno, co może zostać odebrane negatywnie – jako buta czerwonej księżniczki. Wiedziałam, że moje wyjście musi być jak najbardziej naturalne i swobodne. A chwila oczekiwania, gdy wydawało mi się, że polski alfabet jest najdłuższym alfabetem świata i nigdy do tej litery „J" nie dojdzie, trwała w nieskończoność. I nagle słyszę swoje nazwisko… Ruszam po indeks. A stres powoduje, że mam wrażenie, iż wszystko dzieje się poza mną.

Wróciłam na miejsce, gdzie siedziałam obok dziewczyny poznanej w czasie egzaminów. Wiedziałyśmy, że będziemy w tej samej grupie, ale mojego nazwiska jeszcze nie znała. A teraz już wszyscy wiedzieli, która to Jaruzelska. Wracam więc na miejsce obok tej dziewczyny o pięknych długich włosach i z rodowym sygnetem na palcu – Marii Róży Teresy Józefa Bnińskiej, z tych Bnińskich, hrabiów. Ona nachyla mi się do ucha i pyta: „A to z tych Jaruzelskich?". Nie patrząc na nią, potakuję ponuro. A ona z entuzjazmem stwierdza: „Mój kuzyn miał gdzieś ziemie koło waszych"…

Z Marylką bardzo się zaprzyjaźniłyśmy, często u mnie nocowała. Zawsze będę jej wdzięczna, że w tych najtrudniejszych dla mnie czasach była blisko.

STUDIA – CZAS IMPREZ I NIEZALEŻNOŚCI

Imprezowałam jak wszyscy studenci. Alkohol, wówczas powszechny, przynosił ulgę i łączył ludzi ze sobą. Picie było wtedy czynnością bardzo inteligencką, nie przeszkadzało w pogłębianiu wiedzy i czytaniu. Do tego Polaków nocne rozmowy – dużo mądrzejsze niż na dzisiejszych napuszonych bankietach. No i nie było tabloidów, więc i nasze zachowanie mogło być dużo bardziej swobodne. A w domu generała, który wprowadził stan wojenny, częstym gościem bywał narzeczony córki, brodaty student z wpiętym w sweter opornikiem.

Byłam lojalna wobec najbliższych, lecz w pewnym sensie niezależna. Oni też nie do końca spełniali kryterium komunistycznego betonu. Mama – pewnie trochę na złość, a trochę z ciekawości – w każdym razie dość ostentacyjnie słuchała Wolnej Europy. Ojciec z kolei podrzucał mi książki z drugiego obiegu wydawane przez paryską „Kulturę". Kilka razy się zdarzyło, że te same publikacje dostawałam już wcześniej, od przyjaciół z uczelni. Im za ich posiadanie groziło więzienie... Na specjalnym zamkniętym pokazie widziałam zatrzymaną przez cenzurę *Seksmisję* Juliusza Machulskiego. Był to również czas *Człowieka z żelaza* i *Robotników '80*. Zdecydowanie wyczuwało się ten klimat.

Dostęp do dzieł zakazanych otwierał horyzonty i zezwalał na samodzielne myślenie. Byłam dzieckiem komunistycznego dyktatora, czerwonym nasieniem, jak do dzisiaj bywam nazywana, ale nie groziła mi mentalność politruka.

Na polonistyce UW wykładowcami byli ludzie związani z opozycyjnym podziemiem – na przykład Michał Boni czy Maciej Zalewski, z którym miałam najwięcej ćwiczeń. Byłam Zalewskim jako intelektualistą autentycznie zafascynowana. Miał charyzmę i w niesamowity sposób prowadził zajęcia z teorii kultury. Powszechnie było wiadomo, jakie ma poglądy, co myśli na temat mojego ojca, a jednocześnie potrafił wznieść się ponad to i traktować mnie dobrze, a nawet z sympatią. Zawsze na jego zajęciach siedziałam gdzieś blisko i starałam się być bardzo aktywna.

Gdy w 1988 roku zaczęto rozmawiać o Okrągłym Stole, po raz pierwszy moi przyjaciele z kręgów związanych z opozycją i znajomi ojca z PZPR mówili w podobnym tonie o porozumieniu. Wierzyłam, że zaczyna się coś dobrego. Nareszcie!

NARKOTYKI

Pierwszy chłopak, z którym zamieszkałam, pochodził z Wrocławia. Poznaliśmy się w chwili, gdy on już studiował na wrocławskiej politechnice i działał w Niezależnym Zrzeszeniu Studentów (NZS), a ja dopiero kończyłam drugą klasę liceum. Dosyć szybko zaiskrzyło między nami, więc postanowił przenieść się do Warszawy na studia. Zostawił przyjaciół i rodziców we Wrocławiu i zamieszkał na Sadybie u swoich dziadków. Wszystko po to, abyśmy byli bliżej siebie.

Po wybuchu stanu wojennego zapuścił brodę, a w sweter wpiął sobie opornik. Z wyglądem i poglądami typowego opozycjonisty bywał w moim domu. Ojciec na to nie reagował, zresztą prawie ojca w domu nie było. Mama bardziej próbowała na mnie wpływać. Patrzyła na ten związek emocjonalnie, ale w końcu Pawła polubiła.

Kiedy zdałam maturę i dostałam się na polonistykę, zamieszkaliśmy razem na Powiślu, na ulicy Topiel, blisko uniwersytetu. Mieszkaliśmy tam przez kolejne trzy lata naszego związku.

Paweł był bardzo interesującą postacią. Przede wszystkim fenomenalnie uzdolniony w przedmiotach ścisłych, już w czasie studiów miał sporo publikacji naukowych. Zajmował się biome-

Ja z Pawłem. *Zanim zapuścił opozycyjną brodę. Krótko przed stanem wojennym, w mieszkaniu przyjaciół*

chaniką i razem ze swoim profesorem konstruowali płytki do skręcania kości. Czasem przynosił ludzkie kości do domu, wkręcał te płytki i sprawdzał poziom napięcia. Jednocześnie miał mocno rozbudzony zmysł humanistyczny. Dużo czytał i słuchał muzyki, często Franka Zappy i roots reggae.

Chyba można go nazwać artystą. Był artystą eksperymentu, i nie tylko świetnie rysował. Pamiętam, jak kiedyś z kolegą nałożyli sobie torebki foliowe na głowę i wpuścili do środka eter. Biegali w tych torebkach po domu. Dość nieprzyjemnie było na to patrzeć – może dlatego, że mnie takie rzeczy nigdy nie pociągały. Wolałam alkohol. Paweł po naszym rozstaniu wykorzystał zagraniczny wyjazd na sympozjum, aby uciec z Polski. Od lat mieszka w USA i dobrze sobie radzi w branży informatycznej.

Jestem przekonana, że to od czasu związku z nim zaczęły się plotki o moich kłopotach z narkotykami. Nigdy nie miałam tego typu problemów. Próbowałam popalać trawę, ale tak po niej kasłałam, że przyjemności nie miałam za grosz. A tu nagle ojciec wzywa mnie do Rady Ministrów na poważną rozmowę. Bo był u niego Marek Kotański i uprzedził, że biorę narkotyki...

Jeżeli już mówić o jakichś moich wybrykach, to raczej o wypadach z paczką studentów medycyny do Chałup na plażę nudystów. Piliśmy tam na umór, głównie piwo.

MATA HARI Z DWORCA WSCHODNIEGO

Podczas pobytu z rodzicami w Japonii dostałam od japońskiego premiera kamerę wideo. W Polsce coś takiego było wtedy zupełną rzadkością; kamera miała spore rozmiary i wyglądała na całkiem profesjonalny sprzęt filmowy. A że miałam wówczas artystyczne ambicje, myślałam o studiowaniu reżyserii, zaczęłam kręcić jakieś etiudy. Dosyć szybko wciągnęli się w te pomysły również moi koledzy.

Wymyśliliśmy, że świetnym miejscem dla filmowców jest Dworzec Centralny. Były głębokie lata osiemdziesiąte, szybko zamykano lokale gastronomiczne i rozrywkowe. Natomiast na dworcu życie kwitło na okrągło. Krążył tak zwany element podejrzany, bezdomni, alkoholicy, dworcowe prostytutki – słowem idealny materiał dla dokumentalisty. Marek i Michał mieli rozmawiać z ludźmi, ja miałam za zadanie to wszystko kręcić. Zaczepialiśmy też pasażerów na peronach, przedstawiając się, że jesteśmy z *Teleexpressu*. Chłopcy zadawali im pytania typu: skąd ktoś przyjechał, jak podróż upłynęła, czy duże spóźnienie pociągu itd. Ludzie dosyć chętnie odpowiadali, ale my byliśmy żądni eskalacji wrażeń. W końcu Marek zaproponował, byśmy ruszyli na Dworzec Wschodni, bo tam jest zdecydowanie bardziej hardcorowy klimat.

Na Wschodnim nawet nie zdążyliśmy włączyć kamery, kiedy podszedł do nas mężczyzna w prochowcu i zapytał, czy mamy pozwolenie. Odpowiedzieliśmy, że oczywiście mamy. On więc zażądał okazania dokumentu, a Marek z pewnością studenta prawa spytał o jego uprawnienia i poprosił, by ten się wylegitymował. Prochowiec nie odpowiedział, odwrócił się na pięcie i odszedł. Ale dosłownie po trzech minutach zjawił się patrol MO. Grzecznie poprosili o dokument zezwalający na filmowanie, którego rzecz jasna nie posiadaliśmy. Zabrali więc kamerę i kazali udać się z nimi na posterunek przy dworcu. Marek na odchodnym zdążył jeszcze dzielnie krzyknąć za prochowcem: „Kapuś!".

Po drodze dopiero zaczął coś sobie kojarzyć, że przecież dworce to miejsca strategiczne i filmowanie ich podczas zimnej wojny jest nielegalne. Dodatkowo klimat został podkręcony w chwili, gdy już wchodziliśmy na posterunek. Bo nadjechał samochód ciężarowy, z którego wysypali się zomowcy i zajęli cały korytarz. Prowadzono nas między nimi jako oczywistych winowajców, co musiało robić wrażenie. Bo na co dzień w okolicach Wschodniego raczej wyłapywano element w typie bezdomnego lub małolata na gigancie. My byliśmy w miarę dorośli, w miarę porządnie ubrani i z zagranicznym sprzętem filmowym. Niewątpliwie – szpiedzy!

Posadzono nas przed biurkiem obywatela sierżanta. Zaczyna się spisywanie danych, a ja nie mam przy sobie dokumentów. Sierżant pyta o imię, więc podaję. Pyta o nazwisko, więc podaję... Natychmiast się roześmiał. „I co, może jeszcze córka Wojciecha?" – pyta. „No tak..." – odpowiadam. „To może jeszcze t e g o Wojciecha?" – rzuca coraz bardziej rozbawiony. „No tak...” – odpowiadam. Pan władza nie w ciemię bity, więc zerka z pobłażaniem i mówi: „Niemożliwe, tamta jest wyższa!”. Po czym zadaje podchwytliwe pytanie: „A kiedy urodził się generał?”. „6 lipca 1923 roku” – odpowiadam bez namysłu. To na nim już zrobiło wrażenie, co wcale nie oznacza, że mi uwierzył. Bo mógł równie dobrze uznać, że jestem świetnie przygotowaną do akcji Matą Hari.

Poprosiłam, by pozwolono podejść Markowi do telefonu. Bo on wtedy zadzwoni do ochrony, aby potwierdzić moje dane (tym razem nie miał ochoty udawać mojego ochroniarza). Wezwano milicjanta i ten zabrał Marka do innego pokoju. My z Michałem zostaliśmy w towarzystwie sierżanta. I nagle coś sobie przypomniałam – że w kamerze mam nagrany film z naszego pobytu z ojcem na Słowacji. Poprosiłam, aby na moment udostępnić mi kamerę i pokazałam towarzysza generała w stroju narciarskim sunącego pługiem ze stoku w Javorinie. W tym czasie również wrócił Marek z milicjantem, który potwierdził, że rozmawiał z moją ochroną. Prawdopodobieństwo, że ja to ja, było więc bliskie stuprocentowej pewności.

Sierżanta nawet na ułamek sekundy nie zbiło to jednak z tropu. Zgodnie z procedurą ciągnął przesłuchanie dalej. Spisał nasze zeznania i udzielił nam pouczenia. Powiedział, że teraz nas wypuści, ale następnym razem skończy się dużo poważniejszymi konsekwencjami. I doradził fachowo – że filmować sobie można najwyżej ptaszki i drzewka, a nie dworce.

Liceum im. Antoniego Dobiszewskiego.
W dolnym rzędzie czwarta od lewej to ja, a obok Janek Wróbel obmyślający kolejne perfidne żarty

JANEK WRÓBEL

Był jednym z moich ulubionych kolegów w liceum. Nie miał co prawda silnej konkurencji męskiej, bo w klasie humanistycznej chłopców można było zliczyć na palcach jednej ręki. Niezależnie od tego jestem przekonana, że nawet w większej męskiej grupie i tak byłby moim ulubionym kolegą.

Mieliśmy podobne poczucie humoru, czyli zamiłowanie do żartów wyrafinowanych i dosyć prymitywnych, a przy tym tak zwany nikczemny wzrost, więc na ogół siedzieliśmy blisko siebie. Janek najczęściej siedział bezpośrednio za mną, w parze z największym chłopakiem w klasie, Darkiem Wężem, którego też lubiłam.

Niewątpliwie był Janek jedną z inteligentniejszych osób w mojej klasie i od zawsze interesował się historią. A jednocześnie uprawiał żarty na poziomie podstawówki. Pewnie nie będzie zachwycony, kiedy jego uczniowie dowiedzą się o szkolnych wybrykach swego pana dyrektora...

Nosiłam wtedy długie włosy spięte w koński ogon. Janek siedział za mną, a ja dla żartu odchylałam w tył głowę i smyrałam mu włosami po ławce. Kiedy akurat mieliśmy zajęcia w sali fizycznej albo chemicznej, gdzie były takie metalowe pudełka na ciężarki, Janek zapinał mi to pudełko na włosach.

Ważyło kilka kilogramów, tak że unieruchamiał mnie z głową do tyłu. Bawiło nas to oboje, choć trudno uznać ten typ żartu za humor z najwyższej półki. No i chyba muszę dopowiedzieć, że Janek robił to i przed 13 grudnia, i podczas stanu wojennego. Mógłby wypracować sobie dzięki temu etos opozycjonisty – gdyby chciał. W każdym razie gdyby jego uczniowie mieli wątpliwości co do zachowania pana dyrektora w czasach, kiedy sam był uczniem, zawsze może powołać się na patriotyzm i walkę z komunizmem.

Kilka razy byłam u niego w domu. Bardzo lubiłam jego rodziców. Tata był profesorem geografii. Mama była barwną, elegancką panią, dość szybko mówiącą i dość roztrzepaną. Pamiętam ich historię rodzinną, którą mi opowiedzieli. Pewnego razu jechali za granicę samochodem. Mama Janka miała sto dolarów, co na owe czasy było sporą sumą, a ponieważ bała się kontroli celników, włożyła je do pudełka po zapałkach. Pudełko specjalnie leżało na wierzchu, by nie przykuwało niczyjej uwagi. Ale nagle podczas drogi zachciało się mamie zapalić papierosa. Szukała oczywiście zapałek. Wzięła do ręki to widoczne pudełeczko, potrząsnęła nim i stwierdziwszy, że jest puste, wyrzuciła przez okno...

Zapamiętałam też prywatki u Janka w domu. A pod koniec trzeciej klasy zorganizowaliśmy wyjazd całą paczką, jak to się wtedy mówiło, w Góry Świętokrzyskie. Mieszkaliśmy na prywatnej kwaterze u sadownika, niedaleko wsi Święta Katarzyna. Po raz pierwszy wtedy piliśmy alkohol. Podobno było fajnie...

Kiedy Janek wydał wraz z córką książkę *Jak przetrwać szkołę i nie zwariować*, zaprosiłam ich oboje do mojego programu w radiu. No i mogę powiedzieć, że środy dzięki Jankowi są moimi ulubionymi dniami w tygodniu. Kiedy odwożę syna do szkoły, w TOK FM poranek jest prowadzony przez Janka. W dalszym ciągu uwielbiam jego poczucie humoru. Zwłaszcza kiedy mówi: „Teraz zapraszamy państwa na wiadomości i chwilę reklamy, a po przerwie więcej seksu i przemocy".

AGATA MŁYNARSKA

Byłyśmy z Agatą w tej samej grupie na studiach – siódmej, w której śpiewaliśmy fragment jakiejś zasłyszanej piosenki: „grupa siedem to właśnie my"... W każdym razie Agata była młodsza od pozostałych, ode mnie nawet o dwa lata. Ona poszła o rok wcześniej do szkoły, a ja miałam rok przerwy po maturze.

W tamtych czasach była typem chłopczycy. Zawsze miała bardzo piękną cerę, włosy ostrzyżone na pazia, chodziła w dżinsach, zamszowych cichobiegach i kurtce wojskowej.

Dobrze się uczyła. Zazdrościłam jej, kiedy na zajęciach z teorii literatury czy z poetyki omawialiśmy poezję francuską. Do dziś pamiętam, jak omawiała z profesor Zofią Mitosek zjawisko synestezji w wierszu Arthura Rimbauda pod tytułem *Samogłoski*.

Wyróżniała się i tym, że była narzeczoną młodego Kieniewicza[24], syna profesora Kieniewicza. Jej narzeczony robił już chyba w tym czasie studia doktoranckie. Agata była więc przyszłą panią Kieniewiczową i kiedy rozmowa schodziła na ten temat, poważniała.

---

[24] Leszek Kieniewicz, syn prof. Jana Kieniewicza.

Z drugiej strony, żartować też potrafiła. Chodziliśmy z naszą grupą do Pałacu Kazimierzowskiego, gdzie znajdował się bufet dla pracowników naukowych. Często panie bufetowe przeganiały studenterię, ale czasem udawało nam się coś zjeść. Pamiętam, że głównie jadaliśmy kanapki z pastą pieczarkową. Siadywałyśmy z Agatą przy jednym stoliku, czasami w większym gronie, i zaczynałyśmy zabawę z czasów przedszkola – polegała na dyskretnym pokazywaniu sobie zawartości jamy ustnej po przeżuciu...

Z Agatą lubimy się do tej pory. Z chłopczycy przemieniła się w seksowną celebrytkę, ale nie straciła wrażliwości ani chęci niesienia pomocy. W różnych sytuacjach miałam okazję się o tym przekonać. Nawet niedawno, kiedy zaangażowała się w pomoc fundacji Magdy Prokopowicz[25] zajmującej się kobietami chorymi na raka. Potem spotkałyśmy się, niestety, na pogrzebie Magdy.

[25] Magda Prokopowicz – założycielka Fundacji Rak'n'Roll, zmarła w czerwcu 2012 roku.

RAFAŁ ZIEMKIEWICZ

W szkole górował wzrostem i fryzurą, dlatego idąc korytarzem, patrzył ponad głowami innych. Nie zauważyłam, żeby się szczególnie z kimś przyjaźnił. Był młodszy o rok, a nasza wychowawczyni polonistka lubiła powtarzać: „Wy jesteście humaniści? Ziemkiewicz z IIIc to dopiero polonista – olimpijczyk, pisze opowiadania science fiction, całego Lema ma w jednym palcu. A wam tylko dyskoteki w głowie"...

Na studiach wylądowaliśmy na tym samym roku polonistyki. Byłam w grupie z dziewczyną Rafała, Moniką. Szatynka w okularach, o jasnej, porcelanowej cerze, poważna i pedantyczna. Bardzo dobra studentka, trochę w staroświeckim stylu. Najczęściej chodziła w granatowo-zielonej spódnicy w szkocką kratę, granatowym kardiganie i białej bluzce.

Bardzo lubiłam koło niej siadać, szczególnie na gramatyce historycznej, bo uważnie słuchała i miała z całej grupy chyba najlepsze notatki. Poza tym bardzo ładnie pachniała.

Nigdy nie chodziła z nami na kanapki do bufetu, tylko przynosiła własne, starannie zapakowane w pergamin. Rafał był w równoległej grupie, ale całe przerwy spędzał z Moniką, która siedziała mu na kolanach, i w skupieniu konsumowali domowe kanapki. Było w niej coś nieskazitelnie higienicznego. Pamiętam jej zdziwienie, kiedy powiedziałam, że mój pies śpi ze mną w łóżku. Spytała, czy nie boję się, że dostanę bąblowca. Pierwszy raz usłyszałam to słowo.

Po studiach ktoś mi powiedział, że wzięli ślub. Kilka lat później przeczytałam powieść Rafała *Ciało obce*. Z tego, co pamiętam, niezła, wciągająca narracyjnie i wysoce emocjonalna. Szczególnie dla mnie, bo miałam wrażenie, że w jakimś sensie opisuje małżeństwo z Moniką. Jeśli tak było, uznać by można to za nadużycie wobec niej.

Byli tak poważną parą, staroświecką, że wydawałoby się, iż rozwód nie wchodzi w grę. A jednak. Potem Rafał związał się z inną kobietą. Nawet spotkałam ich na balu dziennikarzy.

Z wieloma poglądami Rafała się nie zgadzam, ale zawsze sięgałam po jego teksty w „Uważam Rze" i „Rzeczpospolitej", a teraz w „Do Rzeczy". Przy światopoglądowej niezgodzie zmuszały do zatrzymania się i czasem weryfikacji własnego myślenia, spojrzenia na problem z innej strony. Chociażby na kwestię krytykowanych przez niego salonów, do których ja też aspirowałam. Jednocześnie uważałam, że jako osoba świetnie pisząca, z dużą wiedzą i publicystycznym temperamentem, niepotrzebnie się zafiksowuje. Mam na myśli już przysłowiową michnikowszczyznę.

Rafał jest dla mnie ważną postacią, wręcz symboliczną. Łączy się z moimi wspomnieniami lat osiemdziesiątych. I jak wtedy Polska podzielona była na „naszych" i „onych", a ja stałam pośrodku, tak i teraz jest podobnie. Bo znowu kraj się spolaryzował, podzielone społeczeństwo żywi się językiem nienawiści, Rafał opowiada się po jednej stronie, a ja próbuję zrozumieć argumenty obu stron.

Ale muszę zaznaczyć, że nigdy nie spotkała mnie ze strony Rafała jakakolwiek przykrość. Prawie się nie widujemy, lecz powitanie zawsze jest dość serdeczne.

TOMEK WRÓBLEWSKI

Z Tomkiem poznaliśmy się na Mazurach, gdzie w sąsiedztwie położone są nasze domy letniskowe. Przez niego z kolei poznałam większą grupę naszych wspólnych znajomych, w tym Wojtka Maziarskiego, którego bardzo polubiłam.

Tomek miał silną osobowość i zachowywał się z ekscentryczną nonszalancją, wyróżniał się tym między nami w jak najbardziej pozytywnym sensie. Podczas tych mazurskich pobytów chodził byle jak ubrany, ale to mu jeszcze dodawało specyficznego uroku. Miał potargane rude włosy i złośliwe poczucie humoru, przy tym również lekkie poczucie wyższości, które jednak nie irytowało. Wręcz przeciwnie – przyciągało, tak że każdy chciał się z nim zakolegować.

Jego siostra Joasia w szkole zabłysnęła jako genialna matematyczka, co u dziewczyn, jak się dawniej mówiło, zdarza się dosyć rzadko. Potem wyjechała do Stanów Zjednoczonych i zrobiła tam błyskotliwą karierę zawodową. Oczywiście wtedy, podczas częstych pobytów na wsi mazurskiej, również bywała w naszym towarzystwie. Lubiła ze mną się powygłupiać, parodiując szlagiery. Najlepiej wychodziła nam piosenka Jerzego Połomskiego *Jak to dziewczyna*. Zawsze to śpiewałyśmy tak patetycznie i melodramatycznie, z gestami rozrywanego na strzępy miłosne serca.

Państwo Wróblewscy, czyli rodzice Tomka, byli dziennikarzami. Ojciec Andrzej Krzysztof, wieloletnie pióro „Polityki", i mama Agnieszka, autorka pisująca do „Życia Warszawy". Przystojna para. Z panem Andrzejem zdarzyło mi się kilka razy miło porozmawiać, jeszcze przed nasileniem się jego śmiertelnej choroby.

Utkwiła mi w pamięci pewna sytuacja, albo podczas stanu wojennego, albo tuż po nim, w każdym razie zdarzyła się w pewien deszczowy, błotnisty dzień. Wybrałam się z moim wilczurem do lasu na spacer. Po drodze spotkałam Tomka, który zaprosił mnie do siebie. Po jakimś czasie pojawiła się jego mama i zaczęła narzekać, że mój pies naniósł do domu błota i koniecznie trzeba go wyprowadzić. Poderwałam się, uznając jako rzecz oczywistą to, iż starsza osoba strofuje gówniarę. Tomek powiedział: „Chodź, idziemy..." i poszliśmy do mnie na herbatę. Po drodze dopiero zrozumiałam, że nie chodziło o psa. Państwo Wróblewscy też zawsze mieli psy i bardzo je kochali. Jego mama okazała mi niechęć jako Jaruzelskiej i on to wyczuł. Przynajmniej tak to później zinterpretowałam.

Potem Tomek wyjechał do USA. Kiedy wrócił, zauważyłam w nim dużą zmianę. Nonszalancja została, ale zniknęła gdzieś ekscentryczność. I zapamiętałam opinię, którą wtedy wygłosił. Że Ameryka otworzyła mu oczy na rzeczywistość polityczną. Obserwował kampanię wyborczą Billa Clintona, potem napisał jego biografię. A nam wtedy na jakimś spotkaniu towarzyskim powiedział, że władza bez pieniędzy tak naprawdę się nie liczy. Do Clintona wszyscy mogą mówić Bill i poklepywać go po plecach, podczas gdy do Rothschilda nikt nie odważy się powiedzieć inaczej jak sir. Bo politycy są całkowicie zależni od tych, którzy finansują ich kampanie. Odczułam wówczas, że Tomkowi ta zasada się podoba.

Zrobił swego czasu dokument dla telewizji, w którym opisał historię naszego domu na Mazurach. Naszego, czyli Jaruzelskich. Wydźwięk przekazu był taki, że generał Jaruzelski niemal własnoręcznie wyrzucił ludzi, którzy tam mieszkali, bo byli narodowości niemieckiej, i wysłał do RFN, aby zabrać im ten dom. A prawda jest taka, że kiedy po raz pierwszy przyjechaliśmy dom obejrzeć, był już od dawna opuszczony. Od ludzi ze wsi dowiedziałam się, że ta rodzina starała się o wyjazd, a syn właścicieli chciał swego czasu popełnić samobójstwo, bo za pierwszym razem nie dostali paszportu, jego natomiast chciano powołać do wojska. Zdołał jednak z rodzicami wyjechać. A więc opuszczali Polskę z ulgą, nikt ich nie wypędzał. Co więcej, kilka razy podczas wakacji przyjeżdżali na Mazury i odwiedzali mnie, żeby zobaczyć, jak wszystko teraz wygląda. Pili na ganku herbatę i zachwycali się, że tak ładnie, a za ich czasu nie było tak porządnie, bo wiadomo, zwierzaki w gospodarstwie brudzą. Sprawiali wrażenie ludzi zadowolonych z życia.

Po emisji programu było mi przykro. Poczułam się zdradzona jako koleżanka. Tym bardziej że Tomek doskonale wiedział, iż mój ojciec w ogóle tam nie bywał, bo dom bardzo szybko rodzice przepisali na mnie i tylko ja tam przyjeżdżam. Nigdy tej sprawy sobie nie wyjaśniliśmy, nawet przez wspólnego kolegę, Marka Kąckiego. I mam poczucie, że Tomek jest taką osobą, z którą już nie byłoby właściwie co wyjaśniać. W jego prywatnym dekalogu zrobienie czegoś takiego nie jest niczym nagannym. Więc teraz nasze stosunki są poprawne. Kiedy widzimy się na Mazurach, rozmawiamy zawsze o psach, spotykamy się najczęściej w lesie, gdzie ja wyruszam na długie wyprawy rowerowe, a Tomek biega – i to rzeczywiście jest imponujące, bo odległości biegiem przemierza naprawdę spore.

Głośno zrobiło się o Tomku w związku z aferą trotylową w „Rzeczpospolitej"[26]. Widziałam nagranie z jego wypowiedzią, gdzie tłumaczył całą sytuację, mówiąc to głosem jak zwykle dosyć nonszalanckim i pewnym siebie. Ja jednak widziałam po mowie jego ciała i po oczach, że jest mu trudno. I tak zwyczajnie, po ludzku, było mi z tego powodu przykro. Dlatego w chwili, kiedy dziennikarka przygotowująca materiał na temat Tomka zadzwoniła do mnie, ponieważ wiedziała o naszej znajomości, powiedziałam, że nie kopie się leżącego.

Jestem pewna, że ambicja i determinacja Tomka znowu zaprowadzą go wysoko. Czego szczerze mu życzę.

[26] Po publikacji artykułu Cezarego Gmyza *Trotyl na wraku tupolewa* w „Rzeczpospolitej" (30 października 2012 roku) decyzją właściciela gazety zostało zwolnionych kilku pracowników, w tym autor tekstu i naczelny „Rz" Tomasz Wróblewski.

DOWCIPY O JARUZELU

Kiedy patrzę z dzisiejszej perspektywy, dochodzę do wniosku, że chwilami bywałam przewrażliwiona – przejmowałam się każdym gestem, doszukując się w nim podtekstu. Chociaż faktycznie takie gesty się zdarzały.

Na pierwszym roku studiów zorganizowano nam mikołajki, czyli losowanie, kto komu kupi coś symbolicznego. Mój los wyciągnął Darek Fedor, późniejszy wieloletni zastępca sekretarza redakcji „Gazety Wyborczej". Kupił mi maskotkę – kreta. A kret jak ta wrona miał duży kontekst polityczny. Chyba była w tym jakaś złośliwość Darka... Ostentacyjnie postawiłam maskotkę na ławce i do końca zajęć ten kret mi towarzyszył. Nie, żeby jakoś mocno zakłuło. Raczej próbowałam zrozumieć intencje: czy miało mnie zaboleć, czy miało być tylko i wyłącznie żartem.

W późniejszych latach uodporniłam się, a nawet sama zaczęłam opowiadać dowcipy o Jaruzelu. Zwłaszcza w towarzystwie, gdzie były nowe osoby, które nie do końca wiedziały, jak się przy mnie powinny zachowywać. Wówczas waliłam z grubej rury – dowcipami o Jaruzelu. To natychmiast rozbijało sztywną atmosferę, nowi wiedzieli, że można przy mnie swobodnie rozmawiać.

PRZYJAŹNIE

W szkole podstawowej miałam przyjaciół niemal wyłącznie z branży ojca. W liceum, a później na studiach szukałam już towarzystwa ludzi z drugiej strony barykady. Może dlatego, że podświadomie czułam, iż taka trudna przyjaźń będzie bezinteresowna. Nie byłabym pewna intencji kogoś, kto planuje karierę partyjną – a tacy też kręcili się wokół mnie. Bardziej ufałam tym, którzy przyjaźnili się nie dlatego, ale pomimo że jestem córką generała Jaruzelskiego. Dzisiaj taki probierz już nie ma dla mnie znaczenia; jest mi po prostu miło, że ktoś powie coś życzliwego o ojcu.

Chociaż byłam także blisko z kilka lat ode mnie starszą córką generała Kiszczaka Ewą. Ona akurat zawsze trzymała stronę rodziców. Ładna i bystra, stroniła jednak od wszelkiej ekstrawagancji. Studiowała germanistykę w Berlinie Wschodnim, szybko wyszła za mąż i zmieniła nazwisko. U mnie natomiast dochodziło do iście wybuchowej mieszanki towarzyskiej.

Z kręgu ojca pozostała mi przyjaźń z Mietkiem Rakowskim[27]. Też bardzo miło wspominam

---

[27] Mieczysław Rakowski – dziennikarz, redaktor naczelny „Polityki", poseł na Sejm PRL, członek KC PZPR, wiceminister w rządzie Wojciecha Jaruzelskiego, premier w czasach Okrągłego Stołu.

Z Korą i Kamilem na schodach Teatru Wielkiego.
Obok mnie po prawej mój były narzeczony Adam Gutowski

Wiesława Górnickiego[28], którego podziwiałam za erudycję.

Był taki moment, że ojciec poważnie zapadł na zdrowiu, a ja tak odruchowo zaczęłam szukać kogoś, kto mógłby mi go zastąpić. Mietek Rakowski nadawał się do tej roli idealnie. Nawet umówiliśmy się, że raz w miesiącu będziemy spotykać się w naszej ulubionej restauracji „Dyspensa", by zjeść razem kolację. Tych spotkań mieliśmy kilka, dużo częściej rozmawialiśmy przez telefon, potem niestety zachorował i dosyć szybko zmarł (w 2008 roku). Mietek miał zupełnie inną osobowość niż mój ojciec, swobodne zachowanie i związki ze środowiskiem artystycznym. Palił papierosy, pił wino, nierzadko przeklinał. Miałam poczucie obcowania z rówieśnikiem, który jednocześnie ma duże doświadczenie życiowe, niezwykłą wiedzę i poziom intelektualny.

Lubimy się z żoną Jurka Urbana, Małgosią Daniszewską. Ale przyjaźniłam się też z Grzesiem Ciechowskim i Małgosią Potocką, z Kamilem Sipowiczem i Korą Jackowską. Z ludźmi, których trudno uznać za miłośników komuny.

[28] Wiesław Górnicki – dziennikarz, pisarz, pracownik Biura Prasowego Rządu i Gabinetu Prezesa Rady Ministrów, współautor wielu przemówień Wojciecha Jaruzelskiego, w tym przemówienia z 13 grudnia 1981 roku. Autor poczytnych kryminałów wydawanych pod pseudonimami.

SŁAWEK PETELICKI

Na rok 2012 zapowiadano koniec świata. Nie nadszedł. Jednak dla mnie skończyła się pewna epoka, dużo osób odeszło, zabierając ze sobą kawałek świata i zmieniając mój osobisty ekosystem na zawsze. Były wśród nich osoby mi bliskie, były i dalsze, ale w jakiś sposób znaczące w moim życiu. Ten rok przeszedł pod znakiem Thanatosa. A głośne samobójstwo Sławka Petelickiego wpisało się w ten znak wielkimi literami[29].

Poznałam go w dzieciństwie, choć pamiętałam jak przez mgłę. Bardziej zapadł mi w pamięć jego ojciec, pułkownik Mirosław Petelicki, do dziś żyjący starszy, dziarski pan. Pułkownik Petelicki był łowczym Wojska Polskiego i jeździł przez lata na wakacje do tego samego ośrodka wczasowego co ja z rodzicami. Miał myśliwskiego psa, z którym lubiłam się bawić.

Wiedziałam od wspólnych znajomych, co robią jego synowie. Że Janusz Petelicki został weterynarzem i zdobył w tej profesji międzynarodowe uznanie. Że mieszka z żoną i dziećmi w starym dwor-

---

29 Generał Sławomir Petelicki popełnił samobójstwo strzałem z pistoletu w głowę 12 czerwca 2012 roku. Jego ciało znaleziono w garażu budynku, w którym mieszkał.

ku w Sokulach na Mazowszu i hoduje kuce. A Sławek pracuje w służbach. I to wszystko.

Przypomniałam sobie ponownie o Sławku, kiedy został szefem GROM-u i wszedł w konflikt z ministrem Januszem Pałubickim[30]. Zaimponował mi wtedy odwagą, nietypową dla wojskowego niesubordynacją wobec człowieka w „brudnym swetrze" – jak się wyraził o Pałubickim. Oczywiście była to wypowiedź niezwykle emocjonalna, ale rozumiałam w pełni jego oburzenie.

Po kilku miesiącach spotkałam generała na imieninach u wspólnego kolegi Andrzeja Wolfa, operatora filmowego. Przypomniałam mu wakacyjne pobyty w Omulewie i od razu nawiązało się między nami porozumienie. Solenizant, jak wiadomo, obchodzi imieniny z końcem listopada. Tym razem był to czas pierwszego śniegu. A gospodarz wybudował w swoim ogrodzie wiatę, którą chciał nam pokazać. Należało przebrnąć przez ten śnieg, a ja miałam szpilki. Wtedy Sławek jako męski oficer zaniósł mnie na rękach do wiaty. Żaden z panów, którzy wcześniej chętnie ze mną tańczyli, nie zdobył się na taki gest. A Sławek to zrobił. Później chciał mnie jeszcze nauczyć kilku sztuczek z zakresu szybkiego zabijania. Pokazał, jak zabić jednym palcem, trafiając w oko, i jak jednym ruchem przeciąć człowiekowi aortę kar-

---

[30] Janusz Pałubicki, minister koordynator ds. służb specjalnych, w 1999 roku zarzucił gen. Petelickiemu złamanie ustawy o zamówieniach publicznych. Petelicki został odwołany ze stanowiska dowódcy GROM-u. Oskarżenia okazały się bezpodstawne, minister Pałubicki przeprosił, mimo to decyzja o odwołaniu Petelickiego nie została cofnięta.

tą kredytową... Innym razem wybraliśmy się do kolegi mieszkającego na Starówce. Było to bardzo małe mieszkanie z jeszcze mniejszą kuchnią. Nad ranem, kiedy atmosfera zaczęła robić się nudnawa, Sławek wykonał kilka brawurowych ruchów, rzucając gospodarzem o ziemię. Mieliśmy niezły ubaw, na czele z robiącym za pozoranta.

Zawsze wobec mnie był bardzo szarmancki, całował w rękę przy powitaniu, co też było typowo wojskową cechą. Bardzo się lubiliśmy i niewątpliwie łączyła nas wspólna słabość do wojska.

Jego poczucie dumy i honoru znane było powszechnie. Czasem z tego powodu dochodziło do konfliktów z ludźmi, z którymi na co dzień się przyjaźnił. Taki incydent przydarzył się Andrzejowi Mleczce. W „Polityce", gdzie Andrzej ma swoją stałą rubrykę jako rysownik, umieścił znamienną scenkę: na kozetce u psychoanalityka leży polski orzeł i mówi, że wpadł w depresję, gdy dowiedział się, że jest godłem Polski... Sławek miał poczucie humoru, ale jako polski oficer uznał to za obrazę godła narodowego. Doszło prawie do bijatyki między nimi.

Sławek był na pewno wielką, wyrazistą postacią, a jednocześnie kontrowersyjną. Kiedy dowiedziałam się o jego samobójczej śmierci, w pewnym sensie nie byłam zaskoczona. Jako żołnierz i człowiek nade wszystko ceniący honor – zginął pięknie.

Cześć jego pamięci.

GRZEŚ I MAŁGOSIA

Małgosia Potocka załatwiła mi pracę przy filmie. Sama była producentką w ramach stworzonej przez siebie wraz z Grzegorzem Ciechowskim firmy M.M. Potocka Production. Film robiony był na zamówienie Dietera Meiera, wokalisty szwajcarskiego zespołu Yello, wówczas bardzo modnego i oryginalnego jednocześnie. Miał stać się ilustracją ich płyty *Snowball*. Zdjęcia kręcono we Wrocławiu, a mnie Małgośka zaproponowała funkcję asystenta reżysera. Wszystko trwało z osiem miesięcy, więc długo jak na tego typu produkcję, i ostatecznie do ukończenia realizacji nie doszło.

Małgosia Potocka to bardzo kolorowa, ciekawa postać, z ironicznym dystansem do życia; niejedno nas wspólnie bawiło. A Grzegorz to oczywiście wybitna, zupełnie niepowtarzalna osobowość artystyczna. Jeździliśmy czasem do Kazimierza nad Wisłą. A bywało też tak, że zjeżdżałam z planu filmowego we Wrocławiu i nie chciało mi się wracać do domu. Nocowałam u Małgosi i Grzesia. Ich sąsiadem był Daniel Olbrychski. Wpadał do nich na chwilkę, wówczas Grześ proponował: „Może po jednym?". Bywał też Rysio Kalisz, wtedy młody prawnik.

Historię rozstania Małgosi i Grzesia przeżyłam bardzo. Później tylko raz spotkałam go z nową partnerką, dziewczyną zapamiętaną z ich domu. Podaliśmy sobie ręce, ale z poczuciem, że na relatywizm w tej sprawie nie ma miejsca. Trzeba być po stronie osoby, która bardziej cierpi.

Później śmierć Grzesia...

KORA I KAMIL

Pierwszy raz zobaczyłam i usłyszałam Korę w telewizji, gdy byłam uczennicą liceum. Zapamiętałam jej występ obejrzany na wakacjach w ośrodku wojskowym w Ustce. Bo była inna niż wszystko, co do tej pory widziałam.

Z Kamilem Sipowiczem poznałam się w czasie moich studiów. Akurat wtedy, gdy mieli z Korą przerwę w swoim związku. Kamil pisał wiersze, lubił mówić o Heideggerze, z którego robił w Niemczech doktorat. Korę poznałam w Zakopanem, w ważnym dla niej i Kamila momencie powrotu do siebie. Wiał halny, a ja patrzyłam na Korę i widziałam, że na żywo jest jeszcze ładniejsza i nie mniej intensywna niż na scenie. Natychmiast do niej przylgnęłam. A ona otoczyła mnie kobiecym ciepłem i zawładnęła moim poczuciem humoru. Kiedy chodziliśmy razem na imprezy albo spotykaliśmy się w niezwykle gościnnym domu Kory i Kamila, wymyślaliśmy obsceniczne wierszyki. Czasem popadaliśmy w trans. Pewnego wieczoru wygrał Kamil swoim lapidarnym i prostym dwuwierszem o jakże ekologicznej wymowie:

Kocham zwierzaki,
Bo nie myją sraki.

Innych cytować nie będę.

Dzisiaj, w czasach licznych niby-piosenkarek celebrytek, Kora niezmiennie pozostaje Królową, a jej dawna piosenka *Kocham Cię kochanie moje* jednym z najpiękniejszych utworów o miłości. Po prostu: Kora wielką gwiazdą jest i basta!

GONIA

Jest jedną z tych osób, które odeszły w 2012 roku. Najbliższą.

Jedna z najlepszych makijażystek. Wrażliwa, empatyczna, z wyrafinowanym poczuciem humoru. Znałyśmy się blisko dwadzieścia lat. Często razem pracowałyśmy i wielokrotnie wyjeżdżałyśmy na wspólne wakacje.

Łączyły nas wielogodzinne rozmowy telefoniczne i głęboka znajomość farmakologii. Chyba już nie zbuduję takiego rodzaju bliskości i szczerości.

Chciałam poświęcić jej długi rozdział, powspominać wspólne przejścia i przygody.

Nie potrafię – trudno opowiedzieć pustkę.

SZPIEG MOSSADU

Początek lat dziewięćdziesiątych. Siedzimy z Januszem Głowackim w dawnym SPATiF-ie i rozmawiamy o różnych osobach. Pytam, co myśli o Urbanie. Na co odpowiada: „No wiesz, wódki bym z nim nie wypił. Ale niewątpliwie to jedna z inteligentniejszych osób i ma świetne pióro".

Wpadłam nagle na szalony pomysł. Zadzwoniłam do Małgośki Daniszewskiej i mówię: „Przyjeżdżaj jak najszybciej!". To były czasy, kiedy jeszcze niewiele lokali działało do późnego wieczora. W związku z tym pojechaliśmy z Januszem i Małgośką do hotelu Victoria.

Siadamy, coś zamawiamy, i nagle pojawia się Jerzy Urban... Janusz zapewne w konsternacji, ale ma w sobie ten luz i poczucie humoru, więc zaczynają rozmawiać i wzajemnie się zagadywać.

My z Małgośką zdążyłyśmy już się wprowadzić w stan lekkiego upojenia alkoholowego i podekscytowane sytuacją w pewnym momencie decydujemy się zostawić panów samych sobie. Ruszamy do legendarnego w Victorii klubu Czarny Kot, do łazienki. A tam stoją cztery prostytutki, poprawiają makijaż, rozmawiają, palą – atmosfera niczym w biurze przed rozpoczęciem pracy. Małgośka podchodzi do nich i mówi: „Cześć, dziewczyny, słuchajcie, bo wy tutaj takie zadomowione, a my pierwszy raz w Warszawie, bo my z Białegostoku…". Przyjrzały się, oceniły z politowaniem, po czym jedna wyjęła buteleczkę Samsary Guerlaina i pokropiła nas z błogosławieństwem: „Cyk, cyk, na szczęście, dziewczyny"…

Wychodzimy z łazienki i idziemy do Czarnego Kota. A tam postkomunistyczna atmosfera, jak na tych dancingach w serialu *07 zgłoś się*. Gra smutno orkiestra, ktoś chwiejnie parkiet w tańcu zamiata, a przy wejściu zaraz stolik i przy nim samotny mężczyzna siedzi – taki szary, smutny pan w nieokreślonym wieku, z pewnością na delegacji. Przysiadamy się i zagadujemy. On na to, że przeprasza bardzo, ale chce zostać sam. My nie odpuszczamy, pan taki samotny, a piękny mężczyzna, to grzech, zatańczyć by trzeba… A on siedzi, patrzy w jeden punkt i tylko noga mu z nerwów chodzi. Ja mówię, że pan taki tajemniczy, a Małgosia, że może pan jest szpiegiem Mossadu… Wtedy nie wytrzymał. Poderwał się, złapał stolik i rzucił nim z całej siły. Zrobiło się zamieszanie, kelnerzy skonfundowani. I na to wchodzą Głowacki z Urbanem. Po wypiciu już niejednego razem kieliszka…

Janusz Głowacki jest chyba najdowcipniejszą osobą, jaką w życiu spotkałam. Wszyscy widzą w nim zdystansowanego ironistę, bo mu w tym najbardziej do twarzy. Przygoda z Urbanami w Victorii też do tego wizerunku pasuje. Ale czytając opis jego relacji z umierającą mamą w autobiograficznej książce *Z głowy*, zobaczyć można jeszcze kogoś innego.

Janusz pisze: „Na pogrzebie zobaczyłem jej przyjaciela sprzed wojny, którego bardzo chciała odnaleźć, ucieszyłem się i rozejrzałem za nią.

Potem wróciłem na Bednarską, koło łóżka matki leżała niedokończona połówka jabłka”[31].

Dla mnie jako matki te frazy są szczególnym doznaniem, nie tylko literackim.

[31] Janusz Głowacki, *Z głowy*, Świat Książki, Warszawa 2004.

ECHA *POKŁOSIA*

Władysław Pasikowski zrobił film *Pokłosie*. Polska natychmiast zawrzała – z jednej strony oburzeniem, z drugiej poparciem dla opowiedzianej tam historii. Tylko co to ma wspólnego ze mną?

Zadzwoniła do mnie Karolina Korwin-Piotrowska i mówi: „Nigdy nie opowiadałaś, że byłaś z Lindą...". „To prawda, nie opowiadałam. A dlaczego pytasz?" – pytam. „Było w »Na żywo« i na Pudelku – o tym, że byłaś narzeczoną Bogusia i w swojej rezydencji na Mazurach poznałaś go z Władkiem Pasikowskim".

A więc temat wypłynął w kontekście konfliktu obu panów, ponieważ Linda odmówił udziału w *Pokłosiu*. Choć w dalszym ciągu nie mogę zrozumieć, kto i po co wplątał w konflikt historię naszej znajomości. Tym bardziej że, jak zwykle w takich sytuacjach, coś wiadomo, ale nie do końca.

Po pierwsze, Boguś Linda z Władkiem Pasikowskim znali się już wcześniej i Władka poznałam dzięki Bogusiowi, a nie odwrotnie. Tak zwana rezydencja na Mazurach to w rzeczywistości nieduży domek na Warmii. A co do mojej znajomości z Bogusiem – powiem tylko tyle, że ze wszystkich znanych mi mężczyzn jest najlepszym kompanem do wielogodzinnych leśnych wypraw, nawet w jesienne słoty.

Również wspaniałym kumplem do wieczornych rozmów.

Jest jeszcze coś szalenie charakterystycznego – zawdzięczam mu umiejętność robienia tulipanków z butelek po piwie. Techniką z palca, której uczył mnie, uderzając o kuchenny piec. Wcześniej umiałam robić tulipanki z pięści, bo tego nauczyli mnie mali górale z Kościeliska. Lecz technika z palca to wyższa szkoła jazdy.

Bardzo Bogusia lubię i cenię jako człowieka i aktora. Dzięki niemu poznałam nie tylko Władka Pasikowskiego, lecz także Pawła Edelmana i jego żonę oraz Ewę Wencel, fantastyczną aktorkę, dziś też scenarzystkę, która grała w *Placu Zbawiciela* Joanny i Krzysztofa Krauze. Poznałam również jednego z trzech polskich bardów Solidarności Przemysława Gintrowskiego i Tadzia Szymkowa, niedawno zmarłego fantastycznego aktora z Wrocławia. A z cudownym Julkiem Rodziewiczem do dziś utrzymujemy kontakt telefoniczny, rzadki, lecz niezwykle ciepły.

MIŁOŚĆ FRANCUSKA

Po studiach wyjechałam na jakiś czas do Francji. Chodziłam tam do szkoły, uczyłam się francuskiego. No i zakochałam się w pewnym Francuzie.

Starszy ode mnie osiem lat, miał już spory zasób życiowego doświadczenia, bo był wdowcem, po samobójczej śmierci żony. Pochodził z bardzo dobrej rodziny. Miał wzięte biuro architektoniczne, piękne mieszkanie z tarasem i widokiem na wieżę Eiffla, na co dzień jeździł daimlerem. Był mało francuski, raczej charakteryzował się brytyjskim sposobem bycia, a więc rodzajem eleganckiej, flegmatycznej ogłady. Roztaczał wokół mnie atmosferę spokoju i poczucia bezpieczeństwa, co kontrastowało z moją żywiołową skłonnością do drak. Z początku było fajnie, ale z czasem sytuacja zaczęła robić się nie do zniesienia. Bo on miał nade mną przewagę. Z jednej strony materialną. Mieszkałam wtedy w studenckim mieszkanku i pomyślałam, że wstydziłabym się zaprosić go do siebie. To zderzenie Wschodu z Zachodem byłoby zbyt bolesne. Z drugiej strony, on miał już wyrobioną pozycję zawodową, co też mnie deprymowało.

Ostatecznie przekonałam się, że ten związek nie miałby szans, gdy przyjechał do Polski. Na samym początku lat dziewięćdziesiątych w Warszawie otwarto sieć francuskich sklepów Michel Badre

– luksusowych i czynnych całą dobę. Aby wejść do środka, należało pokonać bramki, coś tam przycisnąć, by je otworzyć. Nie mogłam sobie z tym poradzić. On natomiast zrobił to jednym sprawnym ruchem, bo przecież tego typu sklepy od dawna funkcjonowały we Francji. Niby głupia rzecz. Ale wtedy właśnie przekonałam się, że nic z nas nie będzie. Bo on ma zbyt dużą nade mną przewagę. Wiele kobiet pewnie byłoby zachwyconych. Ja jednak potrzebowałam niezależności. Był mężczyzną, na którym mogłabym się oprzeć. Lecz ta możliwość oparcia oznaczałaby jednocześnie moją słabość. Po prostu był za silny.

MĘŻCZYŹNI À LA POLONAISE

Francuzi w związkach bardziej okazują uczucia, z większym entuzjazmem podchodzą do kobiety i dopieszczają ją z południowym temperamentem. Natomiast w momencie rozstania zachowują się bardzo spokojnie. „OK. Trudno, szkoda...", jakaś rozmowa wyjaśniająca na koniec i następuje zamknięcie rozdziału.

Polscy mężczyźni nie bardzo się starają w związkach. Ale rozstanie jest zawsze dla nich jakimś dramatem i pretekstem do zapicia nieszczęścia z kolegami. Taki mocno słowiański rys. Upić się, cierpieć, rozdzierać szaty, może nawet targnąć się na swoje życie – tak by wszyscy to zobaczyli. I dopiero w chwili rozstania okazuje się, jak mu jednak bardzo zależało.

Na szczęście odkąd polscy mężczyźni weszli do Unii Europejskiej, wiele się zmieniło.

JUŻ TO POTRAFIĘ

Kiedy jest się w związku tą silniejszą stroną, ma się poczucie kontroli nad życiem. Tego zawsze potrzebowałam, być może na zasadzie antidotum na rolę Kopciuszka w dzieciństwie. Ale z wiekiem moje nastawienie zaczęło się zmieniać. Teraz bardzo sobie cenię relację z Fedkiem, czyli ojcem Gucia. Był taki moment, spiętrzenie problemów, i czułam się bardzo źle. Zabrałam Gucia i pojechaliśmy do Fedka na jego dyżur w szpitalu. Prawie nie rozmawialiśmy o tym, że coś się dzieje. Bo nie o rozmowę tu szło. Zrobił mi herbatę, a ja w tym gabinecie lekarskim siedziałam na kanapie i czytałam gazetę. Gucio grał na komputerze. W przerwach między operacjami Fedek do nas przychodził. I to był rodzaj wsparcia, które potrafiłam przyjąć. Bo jestem na takim etapie życia, że już to potrafię. Wcześniej, gdy byłam słabsza, zdecydowanie trudniej było mi przyjmować pomoc.

Gdyby nie wsparcie Fedka, ta książka pewnie by nie powstała.

DZIDZIA

Nocą jechaliśmy z Fedkiem na Mazury. W lesie w świetle reflektorów samochodowych zobaczyliśmy, że na drodze coś leży. Byłam pewna, że to potrącony kot. Przylgnięte futerkiem do ziemi, łapy jakby rozłożone na boki, samo nieszczęście. Z lękiem do tego stworzenia podchodziłam, w przekonaniu, że jest zmasakrowane.

To, co nas z Fedkiem zawsze łączyło, to miłość do zwierząt. On jest lekarzem, na dodatek anestezjologiem, więc kiedy pewnego razu skonał nam w samochodzie potrącony pies zabrany przez nas z ulicy, zasugerowałam, że należałoby wozić ze sobą środek usypiający. By dać zwierzęciu szansę w miarę bezbolesnego odejścia.

Podchodzę i widzę – królik. I to w całkiem dobrej formie, tylko przestraszony. Skąd wziął się w nocy w środku lasu? Nie wiadomo. Być może w pobliskiej wsi uciekł komuś z klatki.

Zamieszkał u nas w stodole. Były wakacje. Wypuszczałam go na spacer, jadł trawę, chleb i ziarno. Ale lato się kończyło, i co z królikiem dalej? Kiedy weterynarz go zobaczył, stwierdził, że mięsny, a więc oddać miejscowym nie sposób, bo przerobią na pasztet.

Nie było wyjścia, królik zamieszkał u nas w Warszawie. Miał kuwetę, jadł sałatę, przychodził na gwizdanie i zębami ruszał z rozkoszy podczas głaskania. Na imię miał Dzidzia. Trochę dla żartu. Bo byliśmy parą bezdzietną, więc zaczął odgrywać rolę naszego dzidziusia. Był rozpieszczany i kochany.

Potem się rozchorował, nie wiadomo na co. Byłam akurat na spotkaniu z czytelniczkami „Twojego Stylu" w Szczecinie i pamiętam, że cały czas dzwoniłam do domu. Fedek mówił, że był weterynarz i kroplówkę podłączył, ale jest coraz gorzej. Bałam się powrotu do domu. Miałam poczucie winy, że nie było mnie na miejscu.

Przyjechałam do Warszawy, Fedek miał wtedy dyżur. Weszłam do pustego domu i zobaczyłam, że na dywanie leży coś przykryte kocem. I tylko Fedek list mi napisał – że umarł królik. Nie byłam w stanie zajrzeć pod ten koc. Pojechałam do Fedka na dyżur. Na korytarzu szpitala spotkałam jego kolegę i od razu mnie, taką zaryczaną, przytulił. Powiedział, że Fedek jest przy operacji, ale on pójdzie go zmienić. Wyszedł Fedek do mnie, w masce, czapce, stroju operacyjnym. I jak mnie zobaczył, to sam się popłakał.

I pamiętam ten kocyk. Najsmutniejszy kocyk świata. Następnego dnia pojechaliśmy na działkę na Mazurach, by tam królika pochować, bo on tak lubił to miejsce. W tym kocyku Dzidzię pochowaliśmy. Było jeszcze kilka wspólnych pochówków. Kota Kacperka, którego przejechał samochód, jamnika Bolusia i całkiem niedawno kota Filipka.

O zwierzętach mogłabym pisać w nieskończoność, ale wydawca zabronił.

Nie pamiętam już, jakim żartem ojca rozbawiłam i to na Chińskim Murze.
Na pewno jednak nie było to łatwe

PODRÓŻE

Gdybym chciała policzyć kraje, które odwiedziłam z ojcem, pewnie wyszłoby ich z pięćdziesiąt. Zwykle sam przelot do odległych miejsc był długi, więc należało go trochę urozmaicić. Dlatego przez część lotu towarzyszyłam ojcu, ale potem przesiadałam się do chłopaków z ochrony lub dziennikarzy.

Na wschodzie poznałam z ojcem Mongolię, Koreę i Chiny – bo te trzy kraje weszły do planu tej samej podróży w 1985 roku. Od początku bałam się, co też podadzą nam w Azji do jedzenia. Mongolia zrobiła na mnie wrażenie najbardziej pozytywne. Można powiedzieć, że jakoś najmocniej ją poczułam. Pamiętam, że częstowano nas kumysem, co było jeszcze do zniesienia. Gorzej, że ojciec zaczął mnie straszyć, iż będą serwować bawole oko. I trzeba zjeść, by nie zrobić przykrości gospodarzom... Najbardziej przytłaczającym, ale i fascynującym doznaniem była wówczas Korea Północna. Po niej Chiny nie robiły już na mnie większego wrażenia.

Ciekawą przygodą była podróż do krajów arabskich – Tunezji, Libii i Algierii w 1986 roku. Było orientalnie, chwilami dziwnie, a nawet śmiesznie. Wcześniej jeszcze Indie, które stały się moją pierwszą lekcją stylu. No i Kuba na amerykańskim kontynencie – jak wulkan gorąca.

Podczas tych wyjazdów miałam kontakt z różnymi typami osobowości przywódczych. Miałam okazję poznać czterech dyktatorów, jakże odmiennych pod każdym względem.

W GOŚCINIE U KIM IR SENA

Podczas podróży do Korei Północnej chłopcy z ochrony żartowali, że pewnie wrócę do Polski jako narzeczona Kim Dzong Ila, że to wyjazd w celu poznania ze sobą młodych. Co prawda ewentualny kandydat na mojego męża był ode mnie o dwadzieścia jeden lat starszy i już od dawna żonaty, ale nikomu to nie przeszkadzało.

Mój „niedoszły teść" Kim Ir Sen robił bardzo miłe wrażenie, chociaż nie można było nawiązać z nim osobistego kontaktu. Po prostu skromny, miły pan, niewielkiego wzrostu, przebywający cały czas jakby za przeźroczystą, ale z pewnością kuloodporną ścianą. Trudno byłoby z jego wyglądu wywnioskować, że to potworny satrapa. Raczej uśmiechający się manekin.

Zawsze miałam osobę do towarzystwa i oczywiście oficera ochrony, który nie opuszczał mnie na krok. Zawsze też obowiązywał mnie inny program pobytu niż ojca. Spotykaliśmy się dopiero wieczorem na przyjęciach.

Przydzielona mi osoba towarzysząca była szalenie sympatyczna. Tylko co z tego, kiedy nie byłam w stanie nawiązać z nią żadnego kontaktu mimo sprawnej tłumaczki. Problem polegał na tym, że ta osoba cały czas mówiła o wielkim wodzu i o miłości do wielkiego wodza...

Kiedy zobaczyłam naszą trasę przejazdu, zrozumiałam, na czym polega prawdziwie totalitarny system. Widziałam tłumy identycznych ludzi z przyklejonym do twarzy sztucznym entuzjazmem, wyglądających prawie jak z filmu science fiction o cyborgach. Widziałam kobiety w identycznych białych butach, które kupowały na kartki po dwie pary na rok. Wszystkie tak samo ubrane i uczesane, wszystkie tak samo grzeczne i uległe, wykonujące te same gesty niczym zaprogramowane roboty. I ten entuzjazm wiwatującego tłumu na cześć Polski, której przecież nie znali. Niesamowite wrażenie, jednocześnie śmieszne i przygnębiające.

Na stadionie siedzieliśmy w loży. Zaserwowano nam typowe dla Korei Północnej widowisko – żywe obrazy tworzone z młodych ludzi. Te układy wybrańcy wodza musieli ćwiczyć przez wiele miesięcy, zawalając często rok szkolny. Były kwintesencją systemu: symbolicznym złożeniem ofiary tysięcy w imię kultu jednostki. W najważniejszym momencie pokazów te kilka tysięcy ułożyło się w portret mojego ojca i Kim Ir Sena, którzy podają sobie ręce. A z tysiąca gardeł rozległ się znajomy ton – zaśpiewali po polsku *Kukułeczkę* z repertuaru Mazowsza.

W kraju wielkiego wodza, o którym wiemy, że ludzie umierają z głodu, serwowano nam wyśmienite dania. Wszystko było podawane w brawurowym stylu. Jeżeli przykładowo był rosół, to w tym rosole pływały rybki welonki. Z jakichś glonów miały zrobione ogonki i płetwy, miały też oczka i pływały każda w inną stronę. Ani nie opadały na dno, ani nie

Jak z filmu Andrzeja Fidyka „Defilada".
Phenian, 1985 r.

unosiły się na powierzchni rosołu. Rzecz zupełnie niesamowita. Przepis na rybkę z pewnością opracował sztab północnokoreańskich naukowców w tajnym laboratorium.

Po śmierci wielkiego wodza, a potem jego syna, umiłowanego wodza, ponoć działy się cuda: ptaki płakały wraz z ludźmi, niebo płakało, a rzeki zawracały w swoich korytach... Nie wiem, tego nie dane mi było doświadczyć. Ale welonki w rosole za cud można by uznać.

Pamiętam, że przeziębiłam się, bo wszędzie działała klimatyzacja. Traciłam głos, lecz rozmawiałam o tym tylko z ojcem podczas prywatnej kolacji. Pożaliłam mu się na ból gardła. I nagle wszedł kelner z tacą. Za pośrednictwem tłumacza powiedział, że koniecznie muszę wypić napar, który mi przyniósł w takim wydrążonym naczyńku. Wtedy w Polsce nie znano jeszcze tego smaku. Teraz myślę, że musiał to być napar z imbiru. Bardzo mocny. Czułam, jak przenika mi do oskrzeli. Skąd kelner mógł wiedzieć, że mnie boli gardło? A przecież napar przyniósł specjalnie dla mnie.

Wtedy odbierałam to jako miły gest. Teraz wiem, że wszystkie nasze rozmowy były po prostu podsłuchiwane.

HERBATKA U KADDAFIEGO

Spotkanie z przywódcą libijskim to już zupełnie inna bajka. Kim Ir Sen nosił typowy mundur obowiązujący w komunistycznych Chinach i Korei – zgrzebny uniform, bardziej przypominający kombinezon robotnika. Natomiast Muammar Kaddafi był jego odwrotnością. Jako pułkownik przywdziewał mundury z wymyślnymi epoletami, przepasywał się wstęgami i obwieszał medalami niczym choinka, robiąc do tego stosowne miny à *la* Duce. Po cywilnemu wyglądał jeszcze dziwaczniej w kolorowych szatach niczym wezyr z *Baśni tysiąca i jednej nocy*. Otaczał się ciasnym kordonem żeńskiej ochrony, czyli Gwardią Amazonek, co dawało efekt dwuznaczności. Bo te kobiety sprawiały wrażenie jego haremu. Ale zamysł wykorzystania ich do roli żywego muru był niezwykle przewrotny. W kulturze arabskiej do kobiet się nie strzela. A jeszcze gorszą ujmą na honorze byłoby samemu oberwać od kobiety... Kaddafi wiedział, co robi. A że ktoś mógłby mu zarzucić, że to niemęskie zachowanie? Był postacią z opery mydlanej. Wokół siebie zbudował świat niczym dekoracje teatralne, sam odgrywał rolę główną i z pewnością nie dopuściłby do świadomości tego, że może być śmieszny. Tym bardziej że stał za nim reżim w ciągłym pogotowiu wojennym.

Tuż przed oficjalną kolacją *z rybkami w rosole w roli głównej. W środku wielki wódz Kim Ir Sen. Phenian*

W Libii jeździliśmy opancerzonymi samochodami, przemierzając całkiem puste przestrzenie, jakby zupełnie wymarłe po jakimś kataklizmie. W oknach tylko metalowe żaluzje, drzwi pozamykane na siedem spustów. I nasze niezbite przekonanie, że wszędzie pochowana jest broń ciężkiego kalibru – działa i rakiety. Że wystarczy gdzieś przycisnąć niewidoczny guzik, aby spod ziemi powyrastał nagle niczym grzyby po deszczu cały arsenał znany z filmów o nuklearnej hekatombie. Do tego koszmar związany z posiłkami. Serwowali jądra baranie. Od rana! Jadłam więc sery, które zostały w samolotowych lodówkach.

Pewnego wieczoru, gdy już kładłam się do snu, przyjechał po mnie samochód. Powiedziano, że mam się szybko ubierać i jechać na herbatę do pani Kaddafi.

Miałam wrażenie, że kierowca kluczy przez niezamieszkane dzielnice. Koło niego siedział człowiek z libijskich służb, a przy mnie polski oficer ochrony. Zanim wjechaliśmy na teren, gdzie pod namiotem odbywało się przyjęcie, zrobiliśmy kilka kółek. Przy jednym z wjazdów strażnik nagle przystawił przez okno lufę do skroni kierowcy. Coś zaczął krzyczeć, kierowca też krzyczał i ten siedzący obok. Mój ochroniarz położył rękę na kaburze z pistoletem. Ale nie bałam się, czułam raczej groteskowość całej sytuacji.

W końcu dojechaliśmy do namiotu. Z dala widziałam ojca i Kaddafiego. Jednak kierowca zatrzymał się dopiero pod budynkiem, który był rodzajem willoschronu. Wtedy powiedziano nam, że nie może ze mną wejść chłopak z polskiej ochrony, bo jest obcy.

Znów zaczęła się awantura. W końcu z domu wyszedł po mnie facet obwieszony od stóp do głów bronią. Miał też aparat fotograficzny. Jego zadaniem było robić zdjęcia przybyłym gościom.

Weszłam do dość bogato, ale i gustownie urządzonego salonu. Wprowadził mnie ten facet z aparatem fotograficznym. Było koło północy. Dość długo czekałam, lecz nic się nie działo. Z dala tylko słyszałam typowe arabskie głosy w podniesionym tonie i bieganinę. Minął kwadrans, pół godziny, w końcu przyszedł ten z aparatem i powiedział, że spotkanie się nie odbędzie. Znów wsiedliśmy do samochodu. W powrotnej drodze mijaliśmy rakietnice.

Następnego dnia miałam wstać o siódmej rano. Jednak pobudka była już o szóstej i znów oznajmili, że czeka mnie herbata u pani Kaddafi. Jechaliśmy tą samą drogą. Tym razem przywitała nas pierwsza dama Libii osobiście, w towarzystwie dwóch synów i ukochanej córki przywódcy, adoptowanej przez niego ładnej dziewczynki, która później zginęła podczas amerykańskiego bombardowania w 1986 roku. Pani Kaddafi nie była jakąś pięknością, ale uznać ją można za kobietę efektowną. Nieduża, miała rozpuszczone kruczoczarne włosy i regularne rysy twarzy.

W ciągu dnia towarzyszyła mi córka jednego z ministrów, która dobrze mówiła po angielsku. Nie przykrywała głowy chustą, ubrana też była w zachodnim stylu, choć spódnicę miała przepisowej długości. Podczas jazdy na herbatę ściskała mnie za rękę z wrażenia.

Pani Kaddafi prawie w ogóle się nie odzywała. Wojskowy z aparatem fotograficznym ustawił nas wszystkich do zdjęcia i nagle wszystko zamarło. Powietrze przestało się ruszać. Słychać było tylko szelest szat. I na to wszedł Muammar Kaddafi. Przywitał się i zaczął coś do mnie mówić. Czekałam, aż tłumaczka zacznie tłumaczyć, lecz siedziała w milczeniu. Chwilę trwało, nim zorientowałam się, że on mówi po angielsku, bo miał tak dziwny akcent.

Niespodziewanie weszła kobieta w białym fartuszku, w spódnicy przed kolano, apetyczna, ładnie opalona blondynka, i przedstawiła się po polsku: „Jestem masażystką pana Kaddafiego, nazywam się Bożenka..." – nazwiska nie zapamiętałam. Widać było, że obecność libijskiego przywódcy zupełnie jej nie krępuje, jakby bezpośredni dostęp do jego ciała dawał jej większe przywileje niż żonie. A może i dawał. A może jako Europejka była pewna siebie. Skądinąd wiadomo było, że Kaddafi lubi sprowadzać sobie pielęgniarki z Europy Wschodniej. Zawsze urządzał im casting pod względem urody.

Bożenka usiadła, założyła nogę na nogę i zaczęła pewnym głosem opowiadać, że jest w Libii na kontrakcie medycznym jako fizjoterapeutka. Cała ta scena była groteskowa – dyktator w złocistych szatach, milcząca pierwsza dama, rozluźniona fizjoterapeutka i facet z bronią i aparatem... Do tego ja, w przypasowanej mi roli Polki na gościnnych występach w orientalnej operze mydlanej. W ramach wizyty wypiłam jeszcze pyszną miętową herbatę, po czym spotkanie dobiegło końca.

Podobno w libijskiej telewizji na żywo emitowano egzekucje wrogów Kaddafiego. Dlatego później chłopcy z naszej ochrony żartowali, że kolejnym show telewizyjnym będzie egzekucja szefa protokołu za tę moją nieudaną nocną wizytę. Bardzo tego żartu nie lubiłam, bo nosił znamiona prawdopodobieństwa.

Minęły lata i usłyszeliśmy o śmierci libijskiego dyktatora. Nie umarł śmiercią bohaterskiego pułkownika. Do końca ukrywający się niczym szczur, a potem zlinczowany przez tłum, który to nagrał i puścił na YouTube – odszedł Kaddafi z tego świata mniej heroicznie niż jego przeciwnicy. Śmierć potrafi odrzeć nawet z najbardziej paradnych szat.

PIECZONE KARTOFELKI

Kiedy odwiedzaliśmy Tunezję, prezydent Habib Bourguiba[32] był u schyłku władzy, czego oczywiście wtedy jeszcze nie wiedział. Starszy siwy pan, sprawiający wrażenie trochę niekontaktującego z rzeczywistością. Wiadomo było, a przynajmniej tak szeptano, że jego żona Wassila jest kochanką ówczas piastującego stanowisko ministra spraw wewnętrznych Ben Alego[33], nazwanego z czasem przez rodaków ZABA. Przyszły satrapa, obdarzany przez Bourguibę olbrzymim zaufaniem, był hodowaną przez niego na własnym łonie żmiją, która nie tylko przyprawiała mu rogi. Knuła również i ostatecznie obaliła go, przejmując władzę w Tunezji w 1987 roku.

Podczas oficjalnego obiadu siedziałam koło Bourguiby. Jako że cały czas sprawiał wrażenie nieobecnego, zupełnie nie interesował się ani mną, ani kimś siedzącym po jego drugiej stronie. Naprzeciw-

---

32 Habib Bourguiba – pierwszy prezydent niepodległej Tunezji, rządził w latach 1957-87; reformator, który zastąpił w dużej mierze prawo koraniczne świeckim.

33 Zajn al-Abidin ibn Ali – prezydent Tunezji w latach 1987-2011, obalony podczas Arabskiej Wiosny, zbiegł z kraju i ukrywa się w Arabii Saudyjskiej. W latach 1980-84 był również ambasadorem Tunezji w Polsce.

ko nas siedzieli z kolei jego żona Wassila i Ben Ali. Co chwilę podchodzili kelnerzy z różnymi daniami. W pewnym momencie jeden z nich wszedł pomiędzy mnie i prezydenta z półmiskiem, na którym były pieczone kartofelki. Wzięłam sztućce, aby sobie nabrać, kiedy nagle prezydent ożywił się, jakby ktoś podłączył go do prądu. Złapał sztućce i nie zwracając zupełnie uwagi na mnie, zaczął szybkimi, nerwowymi ruchami zrzucać sobie na talerz wszystkie kartofelki z półmiska. Zobaczyłam, jak z drugiej strony stołu ktoś podchodzi do prezydentowej i coś jej szepcze do ucha. A ona zaczyna wykonywać rozpaczliwe ruchy, dając kelnerom znak i wskazując na męża, który już otwierał usta, by połknąć kartofelka. Kelner podszedł do nas i próbował w dyskretny sposób zabrać prezydentowi talerz. Trochę siłowali się ze sobą, w końcu Bourguiba dał za wygraną.

Najwyraźniej z powodu poważnych kłopotów ze zdrowiem, o których się mówiło, musiał być na ścisłej diecie. Nagle smakowicie zapachniały mu kartofelki i chciał skorzystać z okazji.

A śmiesznie było już wcześniej. Bo ojca przywitał komentarzem: „Ale was ten Stalin urządził...". Tłumacz zdrętwiał, nie wiedział, jak ma to przetłumaczyć komunistycznemu przywódcy Jaruzelskiemu.

W rezydencji prezydenckiej w Tunisie.
Ja trzymana z tyłu żelazną ręką prezydentowej. Od lewej: Jaruzelski, Bourguiba, Ben Ali, ja i Wassila, żona Bourguiby

LATO Z FIDELEM

Kuba od samego początku robiła na mnie niesamowite wrażenie. Tu czas zatrzymał się w latach pięćdziesiątych XX wieku. Domy w Hawanie zachowały hiszpański styl okresu kolonialnego, tyle że były w okropnym stanie. Pomiędzy nimi dojrzeć można było jeszcze piękne, choć równie zaniedbane wille i hotele budowane dla Amerykanów przed wielkim kryzysem końca lat dwudziestych. Wiele budynków w pastelowych kolorach i dosyć dziwnie na ich zabytkowych balkonach wyglądające sznury z praniem. W dole na ulicy rozkrzyczane dzieci biegające pod brudnymi murami. A na jezdni stare amerykańskie samochody, tak zwane oldtimery. Z pewnością pamiętające czasy Elvisa Presleya i Franka Sinatry, tworzyły atmosferę prawie że filmową. Owszem, na każdym kroku dobrze widoczna bieda, ale ta bieda najwyraźniej nie była nieszczęśliwa. Ci wszyscy ludzie – siedzący przed domami na krzesełkach, spacerujący ulicami i jeżdżący amerykańskimi gruchotami bynajmniej nie byli smutni. Ten sensualizm, w dużej mierze przepojony erotyzmem, najlepiej można wyczuć w kubańskiej muzyce.

Fidela Castro po raz pierwszy zobaczyłam na oficjalnym przyjęciu w Hawanie. Włożyłam sukienkę Diora, z młodości mojej mamy, dopasowaną w talii i uszytą z taftowych czarnych wstążek. I tak wystrojona, w odpowiednim makijażu, szpilkach na nogach i brylantach w uszach, podeszłam do niego, żeby się przywitać. A on objął mnie po męsku i zaczął poklepywać po plecach niczym rewolucyjnego towarzysza.

Po części oficjalnej mieliśmy udać się na jego daczę, czyli do letniego domu, choć trudno w przypadku gorącej Kuby mówić o letnich domach... Dacza znajdowała się na wyspie z koralowca. W pewnym momencie przelatywaliśmy nad bagnami, pilot zniżył maszynę i zobaczyłam hektary bagien z hodowlą krokodyli. Śmialiśmy się, że byłoby nieprzyjemnie tam wpaść, ale higienicznie...

Kiedy wylądowaliśmy na wyspie, miałam wrażenie, że znalazłam się w miejscu znanym z filmów o agencie Bondzie. W skały wbudowano bungalow o bardzo nowoczesnej, acz surowej architekturze. To jedno z piękniejszych miejsc, jakie w życiu widziałam. Tu nie czuło się przepychu. Tu połączono surowość, czyli naturalną szarość kamienia, z elementami latynoskich kolorów. Z jednej strony skały, z drugiej malutka plaża tworzyły bajeczną zatoczkę z piaskiem o konsystencji i barwie cukru pudru. A wokół otaczała nas woda morska w nieprawdopodobnym kolorze akwamaryny wpadającej miejscami w ciemny szafir.

Tam z mamą mogłyśmy się poopalać. A wszystkie posiłki jedliśmy z Fidelem na luksusowej łodzi. Wieczorem z Fidelem karmiliśmy delfiny, które przypływały do zatoczki, i oczywiście rozmawialiśmy. On świetnie mówił po angielsku, ale wolał prowadzić rozmowy przez tłumacza, mówiąc po

Fotografia rodzinna. *Hawana. Ja między ojcem a Fidelem. Obok mama, Vilma Espin, żona Raula Castro i Raul Castro. Z lewej dzieci i wnuki Raula i Vilmy*

hiszpańsku, bo nie chciał używać języka swoich największych wrogów – Amerykanów.

Fidel był bardzo męski, inteligentny i zachowywał się na luzie. Wyczuwało się w nim człowieka wykształconego, światowca z odpowiednią ogładą. Jednocześnie emanowały z niego moc i męstwo, w których zakodowana była partyzancka przeszłość. Miał charyzmę, także w prywatnych kontaktach. Czuło się w nim macho z krwi i kości.

Jak to na wyspie, podczas kolacji poczęstowano nas rybą. A ja od czasu wizyty w jugosłowiańskim oceanarium ryb nie jadam. Grzebałam w talerzu, pamiętając o tym, co ojciec mówił: że niegrzecznie jest w stosunku do gospodarzy pokazywać, że coś nam nie smakuje. Próbowałam tę rybę pod rybę schować, robiąc przy tym dobrą minę do złej gry. A Fidel to zauważył. Był niewątpliwie bacznym obserwatorem, potrafił też wyczuwać drugiego człowieka, nie doszukując się w tym ujmy dla siebie. Siedząc naprzeciwko, zapytał, czy zjadłabym coś innego. Rzucił zdanie po hiszpańsku i od razu przyniesiono pieczone mięso, ryż i jarzyny.

Zadbał o mnie. I to nie tylko jako o córkę generała z bratniego kraju. Pewnie widział też w miarę atrakcyjną kobietę, a wiadomo, że do kobiet miał dużą skłonność. Ale jestem przekonana, że przede wszystkim dojrzał po prostu człowieka z jego naturalnymi potrzebami.

Kiedy widziałam Fidela Castro w mundurze, wiedziałam, że zasłużył sobie na to. Prawdziwy rewolucjonista z doświadczeniem bojowym, który potrafił przeciwstawić się największemu imperium świata. Europejczykom trudno zrozumieć to, że komunistyczny dyktator może cieszyć się taką sławą za oceanem. Ale Europejczycy nie czuli ciężaru hegemonii USA, które ingerowały we wszystko, co działo się na amerykańskich kontynentach. I nagle pojawił się człowiek z malutkiej wyspy, który powiedział: *Patria o Muerte. Venceremos!* Bardzo szybko stał się bohaterem ludu, najważniejszą ikoną antyamerykańskości, obok swego współtowarzysza rewolucji Che Guevary. A lewicowa młodzież europejska zaczęła nosić koszulki z przystojnym Che, który stał się niczym idol filmowy.

Dlaczego przyjaźni się z Fidelem kolumbijski noblista Gabriel García Márquez? Bo zaimponował mu intelektem, charyzmą i niezależnością. Márquez był swego czasu w Polsce i Czechosłowacji. Wywiózł stąd złe wrażenia – narzuconego przez ZSRR reżimu, który nie miał nic wspólnego z socjalizmem. A Kuba rządziła się własnymi prawami. El Comandante zbudował własny, oddolny socjalizm. Oczywiście może to nam się nie podobać, bo uważamy Stany Zjednoczone za najstarszą demokrację. Choć w dzisiejszej Polsce, kiedy kapitalizm przestał już być upragnionym rajem na ziemi, coraz częściej słychać krytykę imperializmu amerykańskiego, i to nie tylko w lewicowych środowiskach.

Podczas osobistego kontaktu z Fidelem zrozumiałam, dlaczego potrafił porwać za sobą tysiące i dlaczego tak długo potrafił swoją wiarygodność utrzymywać. To nie jest manekin Kim Ir Sen, to nie jest groteskowo nadęty Kaddafi. Fidel to żywa legenda.

ZA SPIŻOWĄ BRAMĄ

Ojciec wielokrotnie spotykał się z Janem Pawłem II. Ja osobiście uczestniczyłam tylko w dwóch tych spotkaniach – obu w Watykanie.

Ten pierwszy raz to była oficjalna wizyta w 1987 roku, podczas której doszło do ważnej rozmowy ojca z papieżem w cztery oczy. Padły wówczas pierwsze słowa dotyczące Okrągłego Stołu. Była mowa o Michaile Gorbaczowie, pierestrojce i chęci pojednania rządu z opozycją. Ale ja wtedy nie zdawałam sobie z tego sprawy. Mnie na czas ich rozmowy zapewniono bardzo ciekawe towarzystwo. Zostałam bowiem zaproszona do mieszkania kardynała Andrzeja Marii Deskura, polskiego doradcy papieża poruszającego się na wózku inwalidzkim. Propozycją wizyty w zamkniętej strefie Watykanu i rozmową z kardynałem byłam zestresowana, bo do tej pory mój kontakt z księżmi ograniczał się do polewania wodą u fryzjera, ceremonii pogrzebowych i ślubów znajomych. Miałam problem ze stosowaniem formułek – jak się należy zwracać do osoby duchownej na danym stanowisku. Usilnie starałam się nie popełnić żadnej gafy. I oczywiście dosyć szybko ją popełniłam.

Od razu dało się wyczuć, że kardynał jest intelektualistą, niezwykle otwartym, elokwentnym, z którym można w bardzo serdeczny sposób podyskutować. Pytał o moje zainteresowania. Najpierw literatura, potem film. A że był wcześniej podsekretarzem w Papieskiej Komisji ds. Kinematografii i Radia, a następnie prezydentem Papieskiej Komisji ds. Środków Społecznego Przekazu, natychmiast złapaliśmy dobry kontakt. Byłam wtedy pod dużym wpływem kina włoskiego. Zaczęłam mówić o swoich fascynacjach. Michelangelo Antonioni ze swoją trylogią o samotności i *Powiększeniem* jeszcze nie mógł zgorszyć. Gorzej, gdy zaczęłam rozpływać się nad Fellinim. Trudno nie mieć skojarzenia z groteskowym pokazem mody kościelnej w jego filmie *Rzym*, gdzie zakonnice jeździły na wrotkach, kardynał paradował w okularach przeciwsłonecznych, a papież z pawim ogonem. Od Felliniego z kolei przeszłam do Ettore Scoli – mojego najważniejszego odkrycia. Ten zdecydowanie lewicujący reżyser był twórcą filmu *Odrażający, brudni, źli*, w którym opowiada o straszliwej patologii wynikającej z biedy. Film kończy się sceną oskarżenia rzuconego Watykanowi. Kilkunastoletnia ciężarna dziewczynka, prawdopodobnie molestowana seksualnie przez najbliższych, wyrzuca śmieci na śmietnik, na którym sama mieszka, i patrzy na kopuły stolicy Piotrowej monumentalnie błyszczące w promieniach wschodzącego słońca.

Mówiąc to, nagle poczułam, że chyba się zagalopowałam. Ale kardynał Deskur całkiem spokojnie pociągnął temat, mówiąc o niezwykłej wyobraźni Felliniego, o jego onirycznym stylu. Jak się okazało, na temat Scoli też wiedział wiele, i to bez ideologicznych uprzedzeń. Na koniec, chyba widząc moje zakłopotanie, zażartował prawie w tonie Felliniego. Jako że towarzyszył nam młody, przystojny polski ksiądz

Jak polonistka z polonistą. *Bez całowania w rękę, ale serdecznie*

Spotkanie z jedną z najciekawszych postaci Kościoła katolickiego. *Kardynałem Andrzejem Marią Deskurem*

Nowak, kardynał powiedział: „Szkoda że jest pani tak krótko. Następnym razem proszę przyjechać na dłużej, a ksiądz Nowak pokaże pani plażę, na której podgląda zakonnice, kiedy kąpią się bez habitów...". Młody ksiądz ku mojemu zdumieniu nie spurpurowiał. Najwyraźniej znał poczucie humoru kardynała.

Dodatkowego smaczku tej rozluźnionej atmosferze przydali moi chłopcy z ochrony. Kiedy przemierzaliśmy watykańskie korytarze, przed wieloma pokojami widzieliśmy gwardzistów z papieskiej straży. Chłopcy żartowali, że tym z papieskiej ochrony nie wolno używać prezerwatyw, a im szef pozwala...

Drugi raz zostaliśmy zaproszeni do Watykanu na prywatną audiencję, kiedy ojciec już nie był prezydentem. Pojechaliśmy do Włoch w związku z wydaniem po włosku jego książki, w 1993 roku. Podczas tego pierwszego spotkania papież, kiedy dowiedział się, na jakim kierunku studiuję, powiedział: „A, polonistka. Ja też po polonistyce". Teraz, choć od poprzedniej wizyty minęło sześć lat, Jan Paweł II wciąż pamiętał, co studiowałam.

Po powrocie często byłam pytana z egzaltacją w głosie: „I jaaak?". Jako osoba niewierząca nie potrafiłam przeżyć duchowego kontaktu z papieżem. Ale czułam, że to najpotężniejszy polityk świata, bo rządzi ludzkimi sercami i umysłami, a to władza silniejsza niż broń nuklearna Kim Ir Sena. Przy tym jest intelektualistą i świetnym dyplomatą. Tymi spotkaniami zawsze mocno poruszony był ojciec – na pewno pod względem politycznym, duchowym zapewne też.

Z włoskiego pobytu w 1993 roku pamiętam też kolację w rzymskiej restauracji, na którą przyszli najważniejsi przedstawiciele wszystkich partii włoskich – od komunistów po faszystów. Widać było ich spontaniczną zażyłość. Oficjalnie toczyli zażarte walki na ostre słowa, a prywatnie padali sobie w ramiona i pytali o zdrowie wnuków. Niesamowita gra, z którą nie miałam wcześniej do czynienia w Polsce. U nas – albo kochasz, albo nienawidzisz. Wszystko tak na serio.

INDIE – PIERWSZA LEKCJA STYLU

Podróż z ojcem do Indii dla mnie miała być wyjazdem nieoficjalnym. W związku z tym wzięłam ze sobą ubrania, nazwijmy to – turystyczne. I dosłownie w ostatniej chwili włożyłam do walizki bardzo prostą, skromną sukienkę z szarego jedwabiu.

To był czas, kiedy interesowałam się buddyzmem i zostałam wegetarianką. Nigdy głęboko w to nie weszłam, niemniej Indie były dla mnie rodzajem ziemi świętej. By jeszcze bardziej podkreślić sympatię do tego kraju, zrobiłam sobie na włosach jasne pasmo, takie jakie miała Indira Gandhi[34], wtedy już nieżyjąca.

Aby móc podróżować mniej oficjalnie, w Delhi zamieszkałam u konsula wojskowego. Jego żona lekarka, cudowna kobieta, była moją przewodniczką po mieście. I pierwszą rzeczą, którą usłyszałam w domu konsula, była opowieść o handlarzu jarzynami. O tym, że widząc w jarzynach robaki, sprzedawca natychmiast się rzuca, by je chronić. „To mój świat" – pomyślałam. „Krowy też jestem w stanie uznać za święte"... Sama przecież od najmłodszych

---

[34] Indira Gandhi – premier Indii w latach 1966-77 i 1980-84, została zastrzelona przez swoich dwóch ochroniarzy, sikhów, w 1984 roku.

Bombaj. *Oficjalne przyjęcie i pierwsza lekcja stylu*

lat ratowałam dżdżownice, co zostało mi do dzisiaj. Własną piersią staram się zasłaniać robaki przed synem, który jak wielu chłopców w jego wieku traktuje te stworzenia jako osobistych wrogów z przyczyn do końca mi nieznanych.

A więc pierwsze wrażenie na ziemi indyjskiej było wspaniałe. Kolejne już nie. Z dnia na dzień zaczynałam odkrywać ciemną stronę tego kraju – bezmiar cierpienia ludzkiego i zwierzęcego. Bezmiar biedy, okaleczenia dzieci, ludzi dorosłych, zwierząt. Człowiek z zachodniej kultury nie może przejść obok tego obojętnie. Przez pół roku po powrocie Indie śniły mi się w koszmarach sennych.

Najbardziej w pamięci utkwiła mi aleja żebraków w Bombaju, z masą kalek po trądzie i innych schorzeniach, często u nas w ogóle nieznanych. Żona konsula tłumaczyła mi jako lekarz, że mikrocefalia to choroba, z powodu której nie rozwija się głowa, choć ciało rośnie prawidłowo. W tej alei siedziało trzech mężczyzn w rządku, prawdopodobnie bracia, bo to choroba genetyczna. Mieli ciała dorosłych mężczyzn, byli mniej więcej mojej postury, a głowy mieli wielkości pięści. Duże uszy, oczy tuż obok siebie, mózg bardzo rozwinięty... Wyglądali jak przerażające stwory przybyłe z innej planety.

Mówiono mi o wieży w Bombaju, do której wrzucają zwłoki. Naokoło siedział wianek sępów. Słyszałam, że czasem sęp łapał ludzką rękę i w locie ją upuszczał. Spadała na głowy przechodniów.

Jednocześnie ten bezmiar cierpienia był niesamowicie jaskrawy. Biedne kobiety noszą pomarańczowo-amarantowe sari, przyozdabiają się biżuterią w żółtym złocie, do tego dokładają kolorowe kamienie, wszystkiego jest w nadmiarze – bo wolą mieć cały swój cenny dobytek przy sobie. To bogactwo i przepych wizualny połączone z intensywnością biedy wywołują u Europejczyka poczucie skołowania. Potwierdza to jeszcze niezwykła woń – zapachy kadzideł przemieszane ze smrodem wysuszonych placków z krowiego łajna, używanych na prowincji w charakterze opału, i wszechobecną zgnilizną.

I w tymże samym Bombaju zostałam zaproszona na bal u gubernatora. Mieszkaliśmy w pięknej rezydencji, a służba, głównie męska, mówiła nienagannym angielskim. Czuło się atmosferę kolonii i wciąż żywego ducha brytyjskiego imperium. Kiedy rano usłyszałam pukanie, a potem wszedł jeden z obsługujących miejscowych, jak w filmach przywitał się: „Good morning", podszedł do okna i odsłonił je w taki sposób, żeby delikatnie rozjaśnić pokój – mogłam poczuć się jak córka maharadży. Potem na barku przywiózł mi herbatę z mlekiem, oczywiście podane na srebrnej tacy.

Przed kolacją płynęliśmy małym stateczkiem na wyspę Elefantynę, gdzie żyją duże stada małp. W drodze powrotnej zerwał się sztorm, tak że wysiadłam na brzegu schlapana, z mokrymi od słonej wody włosami i już spóźniona na kolację. Nie miałam możliwości umyć włosów, bo musiałam natychmiast się przygotować. Potwornie się wstydziłam, gdyż wiedziałam, że to przyjęcie jest w ogrodach u gubernatora, a ja muszę wystąpić w skromnej sukience. Więc mokre włosy pospiesznie zebrałam w kok. Na szczęście miałam brylantowe kolczyki.

Kiedy weszłam i zobaczyłam prawdziwe hinduskie damy, z pięknym angielskim po Oksfordzie na ustach, poczułam się jeszcze bardziej onieśmielona w swojej szarej sukience.

Po pewnym czasie ktoś z korpusu dyplomatycznego podszedł do mnie i powiedział: „Są bardzo dobre komentarze na temat pani ascetycznego stroju". Wtedy zrozumiałam, że Anglicy mają rację – *overdress* to najgorsze, co nam się może przydarzyć. Skromność i minimalizm zawsze się obronią.

W ten sposób Indie, ten kraj olbrzymich skrajności, stały się dla mnie pierwszą lekcją stylu.

DIABEŁ UCZY SIĘ U KASZUBY

Propozycję pracy w „Twoim Stylu" można uznać za przypadek i nieprzypadek. Bo gdybym nie była córką swojego ojca, to Krystyna Kaszuba by mnie nie poprosiła o wywiad do swego miesięcznika.

Mój były narzeczony starał się tam o pracę i zaproponował, że przeprowadzi ze mną wywiad. Zgodziłam się, chociaż zdecydowanie bez entuzjazmu. Wywiad najwyraźniej się spodobał i naczelna „Twojego Stylu" kurtuazyjnie zaprosiła mnie do redakcji. Zapytała, czy nie chciałabym z pismem współpracować. To był moment, kiedy stałam na rozdrożu zawodowym. Absolwentka polonistyki, z zacięciem psychologicznym i niewielkim doświadczeniem filmowym, do końca nie byłam pewna, czego tak naprawdę chcę od życia. Odpowiedziałam Krysi, że bardzo chętnie. Chciałam pisać teksty psychologiczne.

Mój pierwszy tekst liczył dwanaście stron maszynopisu. Pisałam w sposób akademicki, jak byłam tego uczona na polonistyce: teza, antyteza i wykazanie paradoksów po drodze. Po redakcyjnej obróbce pozostały cztery strony. To była moja pierwsza lekcja pokory, czyli wpojenie zasady, że w dziennikarstwie najważniejsza jest sztuka rezygnacji.

Dziś z Krysią jesteśmy zaprzyjaźnione.
Wtedy przed Panią Redaktor czułam duży respekt, choć byłam jedną z jej ulubienic

Drugą lekcją pokory była propozycja Krysi, abym popracowała w sekretariacie redakcji. Siedziałam tam półtora roku, zajmowałam się podpisami do zdjęć, wymyślaniem tytułów i leadów, adiustacją tekstów. Tu nauczyłam się dziennikarstwa. Praca trwała od godziny dziewiątej do chwili, kiedy Krystyna wyszła z redakcji, a że pismo było jej ukochanym dzieckiem, wychodziła często dopiero późnym wieczorem. Sekretariat to bardzo ciekawe miejsce. Tu wszyscy spotykali się na plotkach, przekazywali sobie wieści na gorąco i komentarze. A więc byłam osobą „dobrze poinformowaną".

Krysia Kaszuba trzymała nas twardo. Wszyscy, którzy osiągnęli sukces w pismach kobiecych, przeszli swego czasu przez jej ręce. Była bardzo wymagająca, wciągała nas emocjonalnie w to pismo, mieliśmy poczucie, że je współtworzymy, ale zawsze ze świadomością jej pierwszego i ostatniego słowa. Po nocach nam się śniła. Nie było jeszcze komórek. Kiedy leżałam chora w domu, z wysoką temperaturą i zapaleniem oskrzeli, dzwoniła sekretarka, że pani redaktor zaraz samochód przyśle, bo muszę przyjechać na pół godziny, aby coś poprawić. Trudno było odmówić.

Trzeba jednak przyznać, że Krystyna zawsze była w cieniu. W przeciwieństwie do wielu redaktorów naczelnych nie starała się o sławę. To my dzięki niej stawaliśmy się gwiazdami w swoim fachu.

Pamiętam naszą pierwszą okładkę. Zrobiliśmy ją sami w Zakopanem. I ta duma, że to moja okładka, w mojej stylizacji.

OD PSYCHOLOGII DO MODY

Stylizacją w naszym miesięczniku zajmował się wtedy Adam Gutowski. Jako pierwszy w Polsce zaczął udowadniać, że sesje mody powinny być stylizowane zgodnie z duchem nowych czasów. I że mają być realizacją wspólnej koncepcji całego zespołu. Po jakimś redakcyjnym konflikcie Adam odszedł do „Urody". Wówczas otrzymałam propozycję zastępstwa. Pierwsza sesja w miarę wyszła poprawnie i tak zaczęłam w tę modę wchodzić.

Jakiś czas potem byłam we Francji. Dzięki przyjaciółce Krysi Mierzejewskiej poznałam Pierre'a Cardina, z którym ona z kolei była zaprzyjaźniona. I namówiłam go na przyjazd do Polski. „Twój Styl" zorganizował mu wielki pokaz.

Wchodząc w modę, poczułam w sobie moc sublimacji. Bo wkraczałam w świat ułudy, estetyki, gdzie wszystko jest piękne. Nie czułam pasji, ale niewątpliwie przyjemność tworzenia rzeczy ładnych. Równocześnie weszłam w środowisko ludzi, dla których polityka nie miała większego znaczenia. Świat mody był zdecydowanie odpolityczniony. I był też ziemią niczyją. „Twój Styl" niczym pierwsi osadnicy zajmował dziewicze pola mody. Choć nie można zapominać o wielkich osobowościach mody z lat wcześniejszych – Barbara Hoff, Grażyna Hase, Xymena Zaniewska, Jerzy Antkowiak, Bernard Hanaoka.

Środowisko tworzyli ludzie z wyższym wykształceniem humanistycznym, którzy podobnie jak ja nie wiedzieli, co robić. Makijażystkami zostawały filozofki, fryzjerami angliści, fotografowie przychodzili do nas po wydziale operatorskim... co wcale nie było takie głupie. Bo dzięki temu moda stała się czymś więcej niż tylko demonstracją ładnych ciuchów.

Czuliśmy, jak z każdym miesiącem nakład miesięcznika rośnie, dochodziliśmy do sześciuset tysięcy egzemplarzy – dzisiaj to liczba zupełnie abstrakcyjna. Przeżywaliśmy autentyczną radość z nowych czasów.

PIERWSZE KOTY ZA PŁOTY

Zawodu stylistki uczyłam się na własnych błędach. Mieliśmy w redakcji dostęp do zagranicznych pism, wiedzieliśmy, jak wyglądają profesjonalne sesje mody, piękne fotografie, dobre ubrania. Jednocześnie zdawaliśmy sobie sprawę, że w Polsce mamy tylko piękne dziewczyny.

Uczyliśmy się więc wszystkiego, próbując dorównać umiejętnościami najlepszym w świecie. Lecz ta konfrontacja okazywała się dla nas dramatyczna. Zmiana nastąpiła, kiedy poznałam Piotrka Porębskiego, fantastycznego fotografa samouka. Kiedy zrobiliśmy pierwszą sesję, poczuliśmy, że nieśmiało, ale jednak dotknęliśmy wreszcie poziomu światowego.

POLKI

My, Polki, jesteśmy w stosunku do siebie bardzo krytyczne, szczególnie pokolenie średnie i starsze. Dlatego Polki często się nie ubierają. Ich zabiegi stylistyczne to maskowanie mankamentów. Bo wychodzą z założenia, że nie wypada po czterdziestce pokazywać nóg lub odkrytych ramion. Nie wypada też mieć długich włosów, aby nie narazić się na etykietkę Barbietty. A przecież ubieranie się i dopasowanie tego do odpowiedniej fryzury winno być eksponowaniem atutów.

We Włoszech widać na ulicach kobiety, które u nas nazwalibyśmy starszymi paniami, a które czerpią z życia, ile mogą. Rozpuszczają włosy, chodzą w krótkich spódnicach. Nie latem, bo kolana już nie te, ale kiedy założą rajstopy, ciągle jeszcze pięknie wyglądają. Włoscy mężczyźni utrzymują kontakt wzrokowy, podczas kiedy polscy natychmiast odwracają wzrok. Te kobiety są wymasowane męskimi spojrzeniami, często któryś niezależnie od jej wieku krzyknie za nią: *Bella!*

Pamiętam scenę z Mediolanu: kawiarnia w dżdżysty poranek, gdzie pije się szybkie espresso. Przy stoliku siedziało trzech mężczyzn. Weszła kobieta, na oko widać, że jeśli nie siedemdziesiąt lat, to przynajmniej sześćdziesiąt parę, dłuższe włosy, okulary przeciwsłoneczne, biżuteria... Pięknie kręciła biodrami. Oni przerwali rozmowę i odprowadzili ją wzrokiem, najpierw w jedną stronę, potem w drugą. Był w tym milczeniu komplement. Ona niby nie zwracała na to uwagi, ale widać było, że cała pod wpływem ich spojrzeń faluje.

Polki z mojego pokolenia same sobie są winne, że nie mają takiej adoracji. My jesteśmy jak te pokrzywdzone Rosjanki. Jeśli ktoś za nami zagwizdałby na ulicy, fukałybyśmy: *Nie nada*. Śmieszy nas scena z filmu Kondratiuka *Dziewczyny do wzięcia*, kiedy dziewczyna z prowincji mówi: „Nie zawieram znajomości na ulicy". Ale w wielu z nas, Polek, jest trochę z tej dziewczyny.

A więc coś z tym trzeba było zrobić. W ten sposób wpadłam na pomysł powołania Szkoły Stylu.

SZKOŁA STYLU

Zaczęło się na Mazurach, a dokładnie w dworze w Kraplewie należącym do firmy, z którą kiedyś współpracowałam. Organizowaliśmy spotkania dla kobiet, które przyjeżdżały z całej Polski. Kobiet w różnym wieku, bo najmłodsza miała osiemnaście lat, a sam wyjazd do Szkoły Stylu dostała w prezencie od babci na urodziny. Najstarsza uczestniczka miała siedemdziesiąt cztery lata i była właścicielką apteki w niedużym mieście. Spotkanie tych wszystkich kobiet z odległych miejsc, wywodzących się z różnych grup społecznych i odmiennych zawodów stawało się fascynującym kontaktem i dla nas, i dla nich.

Beata Tyszkiewicz prowadziła zajęcia z savoir vivre'u. Nie trzymała się sztywnego protokołu, za to robiła wszystko tak pięknie – pięknie paliła papierosy i pięknie opowiadała, roztaczając wokół siebie cudowną aurę wielkiego świata. Ja miałam ogólny wykład o stylizacji – z mowy kolorów i linii: jak one wpływają psychologicznie na nas samych albo na osoby, które na nas patrzą. Modelka Agnieszka Martyna ćwiczyła z kobietami ładny chód na szpilkach, według starej szkoły chodzenia. Była to lekcja gracji.

Dziś moja szkoła zajmuje się głównie szkoleniami dla profesjonalistów.

CZERWONA SUKIENKA

Kilka lat temu kupiłam sobie czerwoną sukienkę jednego z moich ulubionych projektantów. Jest minimalistyczna w formie. Kawałek prostego czerwonego jedwabiu. Raz założyłam tę sukienkę na bal dziennikarzy, ale popatrzyłam w lustro i pomyślałam: „Za mocno, nie czuję się na czerwono. Nie jest to moment w moim życiu, kiedy chcę zwrócić na siebie uwagę. Nie mam sił na psychiczne uniesienie czerwieni".

Założyłam ją rok później. Kiedy poczułam, że to jest ten moment.

Czerwień w psychologii kolorów ma bardzo ważne miejsce: silnie oddziałuje poprzez swą emocjonalną ambiwalencję. Z jednej strony to kolor miłości i seksu. Z drugiej – kolor krwi i płachty na byka. Z jednej strony to symbol monarchii kojarzący się z purpurą królewską. Z drugiej – rewolucyjny sztandar, czyli radykalny przełom powiązany z buntem, nienawiścią i agresją. Dlatego jej nie lubię. Ale to czerwień właśnie wpłynęła na przełom w moim życiu.

Pracując w „Twoim Stylu", często jeździłam na pokazy do najważniejszych stolic mody w Europie. Pamiętam, że raz szłam na ważny pokaz w Paryżu, na który trudno było się dostać. Przed wyjściem oglądałam wiadomości w telewizji. A to był czas wojny w Jugosławii i usłyszałam o gwałtach na muzułmańskich dziewczynkach. Po takim materiale szłam na pokaz z krwawiącą duszą. I pamiętam to nagłe uczucie zderzenia się z odmienną rzeczywistością – całej tej celebry spóźniania się, fotografowania pod ścianką, konwenansu i blichtru. Jeszcze godzinę temu widziałam sponiewierane dziewczynki i papieża, który mówił, że najważniejsze, aby nie robiły aborcji… Po czym znalazłam się w świecie poprzebieranych monstrów. W świecie na wskroś sztucznym.

Nagle wyszła na wybieg modelka w czerwonej sukience. Mnie ta czerwień natychmiast skojarzyła się z gwałtem i przemocą. Pomyślałam, że ci ludzie wokół, teraz stojący z kieliszkiem szampana i oceniający, kto w jakich przyszedł butach, też musieli widzieć wiadomości telewizyjne. A jeżeli tak, znaczy, że nie interesuje ich nic, co wychodzi poza granicę ich branży. „Pieprzę to!" – pomyślałam wtedy. – Nie mam z tym nic wspólnego".

Paradoksalnie, weszłam w modę, bo chciałam uciec w barwny świat ułudy, w którym nie ma cierpienia, trosk i nie ma też polityki. Teraz nagle zrozumiałam, że ten świat nie jest moim światem. Że owszem, jest częścią mojego życia zawodowego, ale niewiele ma wspólnego ze światem moich przeżyć, doznań i zainteresowań. A ja nie chcę, aby moje życie toczyło się wokół długości spódnicy wchodzącej w danym sezonie na rynek.

OD MODY DO PSYCHOTERAPII

Stanowczo poczułam, że muszę pójść dalej.

Od dawna fascynowała mnie psychologia. Zygmunta Freuda odkryłam jeszcze w liceum. Tak samo Fiodora Dostojewskiego. Po czym doktor Freud kładł na kozetkę w swoim gabinecie braci Karamazow i dochodził do wniosku, że Dostojewski przeszedł przemianę moralną, a ja czułam, że to nieprawda. Bo Dostojewski był jak Przybyszewski: osobowość na tyle zaburzona, że tej przemiany przejść nie jest w stanie. Prędzej jego postacie, które mają wyrzuty sumienia. On ich nie miał.

Na studiach pisałam pracę z psychoanalizy. W książce Artura Hutnikiewicza *Od czystej formy do literatury faktu* odkryłam wpływ psychoanalizy na narrację w literaturze. Ukryte znaczenia, podświadomość – to były dla mnie bardzo istotne intelektualnie elementy.

A teraz stanęłam przed faktem, że mam trzydzieści cztery lata i bardzo mocną pozycję w świecie mody. Kieruję działem stylizacji w najlepszym wówczas piśmie kobiecym, robię reklamy, pokazy, szkolenia, zarabiając dzięki temu niemało, lecz cały czas z niedosytem intelektualnym i emocjonalnym.

A więc psychologia. Pierwszym i najważniejszym wtedy ośrodkiem psychoterapii było Laboratorium Psychoedukacji założone przez Zofię Milską-Wrzosińską, Olgę Pilinow, Jacka Santorskiego i Wojciecha Eichelbergera, w którym można było zdobyć uprawnienia psychoterapeuty.

Dowiedziałam się jednak, że mogą tam studiować osoby, które skończyły psychologię, psychiatrię, ewentualnie pedagogikę. Wydawało się, że nie mam szans jako psycholog samouk. Wielokrotnie chodziłam jednak do Zofii Milskiej-Wrzosińskiej lub Olgi Pilinow, próbując je przekonać, aby mnie przyjęto. W końcu się udało. Stylistka zaczęła uczyć się psychoterapii. Historia odwrotna do tej, która była udziałem Joasi Klimas, byłej psychoterapeutki z Laboratorium Psychoedukacji, która została w latach dziewięćdziesiątych jedną z najlepszych projektantek. To Klimas wprowadziła do Polski styl minimalistyczny.

Jednak aby dostać się do pierwszego etapu kursu, trzeba było przejść przez rodzaj własnej terapii, czyli grupę otwarcia. To było mocne doznanie. Niewiele mogę opisać, bo jesteśmy zobowiązani do tajemnicy. Mogę zdradzić jedynie własne emocje i przemyślenia.

Nigdy nie miałam problemu z funkcjonowaniem w grupie, więc jechałam na te zajęcia bez lęku. Kilkanaście nieznających się wzajemnie osób wsiadło pod Pałacem Kultury w autokar, by spędzić ze sobą pięć dni na wyjeździe. W środowisku mody byłam rozpoznawalna, ale w tej grupie nikt nie wiedział, kim jestem.

Pierwszego dnia usiedliśmy w kręgu z prowadzącym i współprowadzącym. Zaległa cisza. Pękłam jako pierwsza. Zapytałam, czy to wspólne milczenie jest już początkiem grupowej terapii. Dla prowadzących moje zachowanie okazało się punktem zaczepienia: „A dlaczego czujesz się odpowiedzialna za to, żeby przejąć inicjatywę?". Mówię: „Nie wiem, ktoś musi pierwszy". Na to ktoś inny z kolei pyta: „Dlaczego uważasz, że jesteś ważniejsza?". No i zaczyna się tak zwany proces grupowy.

Spotkanie pokazywało w warunkach laboratoryjnych, jak się zachowujemy, jakie role sobie wyznaczamy. Było to fascynujące. W końcu nadszedł moment, ostatnia chwila, aby przyznać się, jak się nazywam. Nakazywała mi to uczciwość w stosunku do grupy, do siebie samej; jakaś wewnętrzna siła mówiła mi, że powinnam to powiedzieć. Bardzo trudny moment – przyznać się, kim jestem, nie w sytuacji miękkiej, towarzyskiej, kiedy ktoś może zareagować na moje nazwisko, ale nie musi. Tu natomiast wszyscy mieli za zadanie moje wystąpienie skomentować i opowiedzieć o swoich emocjach. Negatywnych lub pozytywnych. Jeden z uczestników stwierdził, że od początku mnie nie lubił. Inni natychmiast stanęli w mojej obronie...

Całe noce nie spaliśmy po naszych seansach. Chodziliśmy po parku niczym duchy. W parach albo samotnie. To było tak inne od mojego świata mody. Powierzchowne ocenianie kogoś po wyglądzie: jak się ubiera, czy jest ładny, czy brzydki, gruby czy szczupły, tutaj nie miało najmniejszego znaczenia. Nagle okazywało się, że osoby, z którymi w życiu bym się nie zaprzyjaźniła w pracy czy sytuacji towarzyskiej, rezonują w bardzo głębokich rejestrach z tym, co mówię. Współodczuwają ze mną, a ja z nimi. To była wielka nauka bliskości z innymi ludźmi.

MARZENIE O ŚMIERCI

Obok zajęć w Laboratorium Psychoedukacji podjęłam również studia eksternistyczne w Szkole Wyższej Psychologii Społecznej. Uczyłam się tam psychiatrii klinicznej, psychoanalizy, chodziłam także na seminarium dotyczące depresji. Jako studenci na zajęciach w szpitalu mogliśmy w obecności lekarza psychiatry zadawać pacjentom pytania.

Zapamiętałam przypadek pacjentki z głęboką depresją kliniczną. Była jakby za matową szybą. Nie można było ocenić jej wieku, wykształcenia, poziomu inteligencji. Wyglądała na osobę, na którą oddziałuje jedynie siła grawitacji. Opuszczone ręce, opuszczone ramiona, zwisające smutno włosy.

Nie chciała w ogóle z nami rozmawiać. Odpowiadała tylko na pytania swojej psycholog.

– Pani Alu, ile pani ma lat?

– Trzydzieści cztery – odpowiadała bardzo wolno, z trudem wymawiając słowa i patrząc tępo przed siebie.

– Czy ma pani rodzinę?

– Tak.

– Dzieci?

– Tak.

– Ile dzieci?

– Dwoje.

Odpowiadała na pytanie, ale nie mówiła więcej niż potrzeba. Czuło się ogromny trud nie tylko wypowiadanych słów. Ona nawet z trudem oddychała. A psycholog pytała dalej.

– W jakim wieku są dzieci?

Cisza.

– Córka ile ma lat?

– Siedem.

– A syn?

– Dziesięć.

– Pani Alu, czy myśli pani czasem o śmierci?

To pytanie wyraźnie zmieniło wyraz jej twarzy. Niemal się uśmiechnęła.

– O tak, bardzo często – odpowiedziała z nagłym entuzjazmem.

I WYDARZA SIĘ COŚ

Po ponad dwóch latach nauki w Laboratorium Psychoedukacji i na SWPS-ie pojawiła się szansa stażu na oddziale zaburzeń żywienia w jednym z warszawskich szpitali. Mogłam tam przyjrzeć się z bliska dramatowi dziewczyn dotkniętych anoreksją lub bulimią.

Wiedziałam, że kiedy zdecyduję się na staż, zapadnie być może nieodwracalna decyzja o zmianie zawodu. I w wieku trzydziestu siedmiu lat wszystko zacznę od nowa. Zadawałam sobie pytanie, czy jestem na to gotowa. Zastanawiałam się, na ile mogę być dla kogoś wsparciem, pracować na jego cierpieniu, a jednocześnie sobie nie zaszkodzić. No i myślałam o tym, czy jestem w stanie zrezygnować ze swojej pozycji finansowej i zawodowej.

Akurat były wakacje. Mieszkałam w luksusowym hotelu. Wieczorem poszłam na przystań, gdzie pięknie odbijały się światła w wodzie, widziałam z daleka mój hotel. Pomyślałam, że już niedługo nie będę mogła wejść do niego i pójść na kolację, z prozaicznego powodu – braku pieniędzy. Że zmienię zupełnie sposób życia. Wejdę w środowisko psychoterapeutów, ale jednocześnie obniżę sobie standard. Czułam, że to kluczowy moment w moim życiu. Miałam właśnie zostać stażystką, a nie pierwszą polską stylistką. I nie wiem, czym by się to skończyło, gdyby nie telefon z informacją, że najstarsza i najlepsza w tamtym czasie firma jubilerska W. Kruk szuka dyrektora artystycznego. To było nowe wyzwanie. Dalej chodziłam na zajęcia, ale już ze świadomością, że nie zostanę psychoterapeutą. Ascetyczne zasady ojca w tym momencie przegrały...

Tak u mnie jest: pewne rzeczy dojrzewają, po czym dochodzą do punktu kulminacyjnego, w którym coś się wydarza i zmienia mi kierunek kursu.

JAK ZOSTAŁAM BUSINESSWOMAN

I wydarzyło się w odpowiednim momencie.

Weszłam w inny świat – w świat biżuterii. Zaczęłam intensywnie myśleć, jak znaleźć w tym identyfikację i połączyć modę z biżuterią, albo inaczej: jak wykorzystać prawa mody w świecie biżuterii. Wpadłam na pomysł submarki Kruk Fashion. Filozofia submarki polegała na tym, że biżuteria nie będzie traktowana jako lokata kapitału, co działo się do tej pory z obrączkami ślubnymi czy pierścionkami zaręczynowymi. I nie będzie oznaczać uzależnienia od decyzji mężczyzny: kupi pierścionek czy nie kupi, oczywiście nie licząc się z gustem kobiety... Nasza submarka miała stworzyć biżuterię, którą kobiety kupują sobie same – dla czystej przyjemności, i która automatycznie stanie się znakiem emancypacji. Już Coco Chanel uważała, że biżuteria wcale nie musi być droga. Najważniejsze, aby robiła wrażenie.

Pierwszy butik Kruk Fashion został otwarty w Sheratonie. Unikatowy i nowatorski jak na Polskę projekt salonu wykonała Agnieszka Lasota – absolwentka warszawskiej i mediolańskiej architektury wnętrz.

Ta praca wciągnęła mnie na całego. Początkowo pełniłam funkcję konsultanta. Z czasem zostałam dyrektorem artystycznym. Potem ta sama grupa kapitałowa kupiła Deni Cler, gdzie zostałam wiceprezesem do spraw kreatywnych i przeszłam do zarządu. Wszystko razem zaczęło się dobrze komponować. Bo zrozumiałam, że nadarza się idealna okazja do wykorzystania umiejętności nabytych na zajęciach z psychologii. Doświadczenie w pracy z człowiekiem pozwalało na nowe podejście do mody. I tak zostałam businesswoman.

Po przełamaniu pierwszy lodów zaprzyjaźniłam się z Ewą i Wojciechem Krukami, ludźmi bezpretensjonalnymi, bez burżuazyjnego zadęcia. Wprowadzaliśmy marki na giełdę, przeżywaliśmy hossy i bessy. To był najciekawszy okres w mojej karierze zawodowej. Dzięki Krukowi poczułam, że to „zdechłe pisklę" z mojego dzieciństwa opierzyło się i szczęśliwie odleciało. Po właścicielskich zmianach personalnych, które zaszły po próbie tak zwanego „wrogiego przejęcia" Kruka, zrozumiałam, że czas odejść.

OJCIEC I MODA

Z początkiem lat dziewięćdziesiątych byliśmy z ojcem w Rzymie, gdzie zaprowadzono nas na pokaz mody sióstr Fendi. Dla ojca to było niecodzienne przeżycie. Zapamiętał pewien szczególny obrazek: parę staruszków. Byli w jego wieku, jacyś arystokraci, trzymali się za ręce i wpatrywali w dziewczyny na wybiegu. Taki surrealistyczny obrazek niczym z Felliniego – niepasująca do miejsca starość pośród tłumu młodych modelek w zjawiskowych kreacjach. Dla mnie natomiast surrealistyczny był widok ojca obserwującego defilujące modelki, a nie żołnierzy, i nie z perspektywy trybuny.

Kilka razy próbowałam ubrać ojca. Dostał ode mnie parę rzeczy. Niektóre wciąż wiszą w szafie, nigdy nienoszone. No cóż – ojciec nie jest moim największym sukcesem stylistycznym.

Sesja do „Paris Matcha". *W stylu „noworuskim", ale nobilitująca mnie jako kobietę*

Sesja karna w enerdowskim swetrze *i maślakami od BOR-owików. Zdjęcie: Wojciech Laski*

SESJA KARNA

Pod koniec lat osiemdziesiątych, kiedy ojciec był prezydentem, „Paris Match" przeprowadził ze mną wywiad i zrobił dużą sesję zdjęciową. Wywiad był szalenie poprawny, zdjęcia, na których wystąpiłam w świetnych kreacjach, też nie mogły wywoływać żadnych niestosownych skojarzeń. Owszem, w jedwabnej piżamie leżałam w łóżku i piłam poranną herbatę, ale bez seksualnego podtekstu. Po prostu pierwszy raz w życiu dano mi szansę pokazania, że mogę być piękną kobietą. Wywiad był przeze mnie autoryzowany, lecz redaktorzy „Paris Match" powyciągali z kontekstu jakieś smakowite kąski, by je wyeksponować. Na przykład dziennikarka spytała, w jakim kraju chciałabym mieszkać. Powiedziałam, że jestem szalenie związana z Polską, skończyłam polonistykę, ale naciskana przez nią w końcu dopowiedziałam, że najlepiej czułam się we Włoszech. W leadzie wytłuszczono więc, że córka komunistycznego dyktatora chciałaby wyjechać i na stałe zamieszkać we Włoszech. Podpis pod zdjęciem: „Miss Pologne? No. Mademoiselle Jaruzelski. Po całonocnej zabawie w klubie pije poranną herbatę". Co w tamtych siermiężnych czasach, kiedy młoda polska demokracja zaczynała dopiero stawać na nogi, wywołało duże zamieszanie. Ojciec się oburzył. Uważał, że trzeba to natychmiast wycofać, bo pojawią się komentarze typu: „Córka tego dygnitarza, czerwona księżniczka. Pewnie jeszcze kąpie się w kawiorze"...

Wywiad i zdjęcia ukazały się w „Paris Match", ale na szczęście dzięki pomocy naszej przyjaciółki z Paryża, Krysi Mierzejewskiej, damy wytwornej i wpływowej, nie wolno było ich dalej rozpowszechniać. Władza Krysi okazała się na tyle skuteczna, że nawet dzisiaj nie mogę do nich dotrzeć.

Po tym skandalu musiałam wziąć udział w sesji karnej – razem z rodzicami. Już nie w jedwabnej piżamie, ale w enerdowskim swetrze, bez makijażu, jeżdżąc z tatą na rowerze i demonstrując znalezione przez BOR-owików maślaki. Sesja poszła do konkurencji „Paris Match", „Le Figaro – Madame".

Obecnie córki prezydentów spokojnie mogą brać udział w sesjach zdjęciowych. Nikt tego nie odbiera w kategorii skandalu. No, chyba że byłby to „Playboy"...

JESTEM LESBIJKĄ

Jako osoba niewierząca w kościele zawsze staram się stanąć przy ścianie, gdzieś na końcu, niewidoczna. Na pogrzebie Magdy Prokopowicz zobaczyłam, że stoję tuż obok aktora Marka Kality. Rzecz o tyle zaskakująca (a osobiście się nie znamy), że w Teatrze IMKA u Tomka Karolaka grał Jaruzelskiego, a jego córka grała Monikę Jaruzelską.

W tym przedstawieniu[35] jestem lesbijką. *Licentia poetica* polega na tym, że zostałam lesbijką na złość tacie, ponieważ moim narzeczonym był Grzegorz Przemyk. Kiedy ludzie generała go zabili, to ja zostałam lesbijką, żeby ojciec na mnie się wściekł. Dobre?

Kiedyś sama tak o sobie powiedziałam, gdy pewien znany polityk próbował nasze towarzyskie kontakty przemienić w coś więcej. Szczególnie mu zależało na wspólnym śniadaniu w restauracji sejmowej. Wtedy wszyscy by myśleli, że wiadomo... Aby go nie urazić, powiedziałam, że wolę kobiety. Taki mały *coming out* na niby. Jako człowiek o lewicowym światopoglądzie przyjął to ze spokojem.

---

[35] Jarosław Jakubowski, *Generał*, reż. Aleksandra Popławska i Marek Kalita, teatr IMKA w Warszawie.

AGENT TOMEK

Nie byłam dziewczyną Grzegorza Przemyka. Ale mogłam zostać dziewczyną Tomasza Jastruna[36], który miał odegrać rolę agenta *nomen omen* Tomka. Dla dobra sprawy! Dowiedziałam się o tym po latach, kiedy oboje zaczęliśmy pracować w „Twoim Stylu". Wtedy dopiero poznaliśmy się osobiście i mi o tym powiedział.

To podobno miał być żart – pomysł, aby Tomek uwiódł córkę dyktatora Jaruzelskiego, a potem porzucił. Jak sam twierdził, nie delegowały go do tej misji żadne tajne siły podziemnej Solidarności. Ale tak jakoś logicznie składało się – studiowałam w tym czasie na polonistyce, on miał tam wielu znajomych, przy tym łatwość w nawiązywaniu kontaktów z kobietami... Chodziły o mnie słuchy, że jestem normalna, czyli otwarta na kontakty z opozycjonistami, i ładniejsza od ojca.

Nigdy do uwiedzenia nie doszło. Tomek po latach powiedział, że za dużo było innej roboty do wykonania. A poza tym... byłoby to niemoralne.

---

[36] Tomasz Jastrun – poeta, dziennikarz „Zwierciadła" i felietonista „Wprost", znany też jako Smecz z „Kultury" paryskiej, syn poety Mieczysława Jastruna i poetki Mieczysławy Buczkówny.

ZABIĆ JARUZELA

Moja normalność na tyle otwierała przede mną ludzi, że dochodziło do kuriozalnych wręcz sytuacji.

Pewnego razu znalazłam się w większym towarzystwie na imprezie u kogoś w domu. Pamiętam bloki z wielkiej płyty, chyba na dalekiej Pradze. Bardzo dobrze rozmawiało mi się z dopiero co poznanym na tej domówce studentem UW. Najpierw siedzieliśmy w kuchni, ale coraz więcej osób tam się schodziło, tak że już nie dało się dłużej swobodnie rozmawiać. Wyszliśmy więc na korytarz, wyżej na półpiętro, obok drabinki prowadzącej na dach, bo impreza odbywała się na ostatnim piętrze bloku. Paliliśmy papierosy, strzepując popiół do butelki.

Rozmowa była na tyle sympatyczna, a ja okazałam się na tyle normalna, że w pewnym momencie nowo poznany kolega rzucił entuzjastycznie: „Wiesz co, właściwie to ty jesteś jedyną osobą, która mogłaby Jaruzela zabić...".

Chyba się zorientował, że przegiął. Oboje wybuchnęliśmy śmiechem. To oczywiście miał być żart. A jednak był też symptomem nastrojów.

PREZYDENTÓWNY

Kilka lat temu zaproponowano mi udział w sesji „Vivy!" z córkami prezydentów. Marta Kaczyńska odmówiła. Ola Kwaśniewska i Marysia Wałęsa zgodziły się i zdjęcia mogły dojść do skutku. „Viva!" propaguje luksusowy wizerunek, więc zaproszono nas do apartamentu prezydenckiego w hotelu Bristol. Fotografował mój ulubiony Piotr Porębski, a jeden z najlepszych dziś projektantów Robert Kupisz zadbał o nasze fryzury. Pracowałam wtedy jeszcze w Deni Cler i założyłam szarą sukienkę z nowej kolekcji.

Ola Kwaśniewska dopiero co zakończyła swój udział w *Tańcu z gwiazdami*. Pokazywała nam kroki i podśpiewywała. Dużo mówiła, głównie o sobie. Widać było, że musi być w centrum uwagi, a że ma spory wdzięk, bez trudu jej się to udawało. Intensywność Oli kontrastowała z zachowaniem Marii Wiktorii Wałęsy. Była powściągliwa, zachowująca dystans, wręcz tajemnicza. Urzekło mnie melancholijne spojrzenie jej bardzo jasnych oczu. Podczas gdy Ola kokieteryjnie przeżywała, czy nie będzie miała na zdjęciach zbyt dużej głowy, Maria dyskretnie wychodziła na balkon, by samotnie zapalić papierosa. Uroda Wałęsówny zrobiła na mnie wtedy na tyle duże wrażenie, że zaproponowałam jej zdjęcia do sesji reklamowej W. Kruka. Ku mojej radości zgodziła

FOT. PIOTR POREBSKY/METALUNA DLA MAGAZYNU VIVA!

Prezydentówny. *Ola Kwaśniewska, Monika Jaruzelska, Maria Wiktoria Wałęsa*

się. Jej uroda dodała blasku brylantom, a nam wyszła bardzo dobra kampania w stylu cinema noir. Miałam też wrażenie, że nawiązałyśmy z Marią kontakt. Po prostu chyba się polubiłyśmy.

Zapytany o komentarz do naszej współpracy Lech Wałęsa powiedział, że jeśli ojcowie ze sobą walczyli, nie oznacza to, że młode pokolenie nie powinno się ze sobą porozumieć. Zresztą Wałęsa nigdy nie wykazywał się zacietrzewieniem. Zwykła ludzka wielkoduszność jest cechą jego osobowości. Odwiedził nawet mojego ojca w szpitalu. Oczywiście wrogowie byłego przywódcy Solidarności odczytali ten gest jako potwierdzenie jego agenturalnej przeszłości.

Każdy pretekst dla nich jest dobry – chociażby imię mojego psa. Mój jamnik wabił się Boluś. Ktoś komentował, że to złośliwy żart z mojej strony, taki chichot historii wobec TW „Bolka". Próbowałam przekonywać, że jedno z drugim nie ma nic wspólnego, a Wałęsa jest dla mnie wielką postacią. Chyba mi nie uwierzono.

PUNKTUALNOŚĆ

Często dziennikarze pytają mnie, czy ojciec był klasycznym wojskowym w domu. Nie był. Ani nie wyrywał mnie ze snu krzykiem, że pobudka, ani nie zmuszał do porannej gimnastyki, ani nie stawiał na baczność. Bronią w domu też się nie bawił.

Ale zawsze dbał o punktualność. Kiedy gdzieś jechał, brał duży zapas czasu, żeby zdążyć. Potem bywało śmiesznie. Pamiętam na przykład, że kilkanaście lat temu byliśmy zaproszeni na kolację do Adama Hanuszkiewicza i Magdaleny Cwenówny. Wyjechaliśmy jak zwykle za wcześnie. I dwadzieścia minut staliśmy samochodem ojca ukryci w krzakach, no bo głupio trochę, i czekaliśmy na odpowiednią godzinę.

Ja też do dzisiaj staram się być punktualna. Na szczęście są telefony komórkowe i zawsze można gdzieś zadzwonić, by uprzedzić, że pięć minut się spóźnimy. A jednak wciąż czuję presję zdążenia na czas. To też często przeszkadzało moim partnerom życiowym. Bo nawet teraz przed każdym większym wyjściem czekam pół godziny wcześniej, w pełnym makijażu i szpilkach, żeby się nie spóźnić.

OJCIEC I BOLUŚ

Rodzice mieli ukochaną suczkę Muncię, znalezioną przeze mnie w okolicach Dworca Centralnego. Kilka lat temu musieli ją uśpić. Jako osiemnastoletnia staruszka już bardzo cierpiała. Ojciec powiedział wtedy: „Ja, stary frontowiec, a płakałem jak dziecko".

Potem był problem z moim psem. Szesnastoletni jamnik Boluś miał chore serce i padaczkę. Przez wiele nocy bardzo źle się czuł, podczas ataków kręcił się bezradnie w kółko, przez co nie mogłam spać. Bo należało go cały czas obserwować.

Kiedy stan Bolusia trochę się poprawił, ojciec zaproponował, że weźmie go do siebie, bym mogła się wreszcie wyspać. Rano mama przekazała mi, iż sam w ogóle nie zmrużył oka. Bał się, że pies poczuje się gorzej. I spędził z nim całą noc, siedząc na kanapie.

13 GRUDNIA

Ta data już zawsze będzie dla Polaków oznaczała to samo. Jestem tego świadoma. Ale jednocześnie jestem córką swoich rodziców.

I gdy widzę demonstrantów pod ich domem, którzy skandują: „Morderca, powiesić go!", wymachując przy tym plakatami z wymalowaną kostuchą, to budzą się we mnie naturalne emocje i potrzeba stanięcia w obronie najbliższych, tym bardziej że są już starzy i schorowani. Niejednokrotnie namawiałam ojca, aby na ten czas wyjechał. On jednak zawsze powtarzał, że jest żołnierzem i nie będzie z własnego domu uciekał. Ostatnio często musi przebywać w szpitalu. Gdy nie było go w domu z 12 na 13 grudnia, mama nocowała u mnie.

Te coroczne manifestacje stały się już pewnego rodzaju rytuałem, wręcz tradycją polityczną niczym składanie wieńców pod pomnikiem poległych. Raz przychodzi więcej osób, innym razem mniej, czasem zdarzają się kontrmanifestacje. Od dłuższego czasu są już nie tyle protestem wobec decyzji ojca w 1981 roku, co wobec obecnej władzy uznawanej przez niektórych nawet za gorszy reżim od komuny...

Swego czasu regularnie na manifestacje przychodzili Leszek Moczulski[37] i jego zięć Krzysztof Król[38]. Potem przestali. Spotkałam pana Krzysztofa z żoną Elżbietą na balu dziennikarzy. Spytałam z uśmiechem: „Czemu już panowie nie przychodzą? Nam z ojcem bardzo panów brakuje...". Okazało się, że Krzysztof Król ma duże poczucie humoru i równie serdecznie odpowiedział: „Bo dużo się od tego czasu zmieniło...".

[37] Leszek Moczulski – historyk, dziennikarz i polityk, działacz opozycji, założyciel Konfederacji Polski Niepodległej (KPN) i współzałożyciel Ruchu Obrony Praw Człowieka i Obywatela (ROPCiO).

[38] Krzysztof Król – polityk i dziennikarz, działacz opozycyjny związany z KPN, doradca społeczny prezydenta Bronisława Komorowskiego.

GDYBY

W okolicach 13 grudnia mój telefon dzwoni dwa razy częściej niż zwykle. To dziennikarze. Proszą o komentarz, bo ojciec jest chory i nie może rozmawiać. Tylko co ja mam powiedzieć? Nie miałam na ojca decyzje żadnego wpływu. Dla mnie stan wojenny był rodzajem koniecznej wtedy hibernacji, łącznie ze wszystkimi jej skutkami.

Dzisiaj argumenty ojca przekonują mnie bardziej niż kiedyś. Jednak nie chcę już więcej wracać do tego tematu. W trzydziestą rocznicę stanu wojennego udzieliłam miesięcznikowi „Pani" wywiadu pod tytułem *Co się stało tamtej nocy*. To mój komentarz.

„Nie lubię »gdybania«, pisania alternatywnych scenariuszy. Choć, oczywiście, zastanawiałam się nad tym, co by się stało z nami, z moją rodziną, gdyby ojciec podał się do dymisji 12 grudnia 1981 roku.

Czy to byłoby lepsze dla Polski? Kto wtedy przejąłby władzę? Twardogłowy nurt w PZPR? A może kraj by się rozpadł i Rosjanie rzeczywiście by weszli? W obu przypadkach ofiar byłoby nieporównywalnie więcej. Czy wtedy ojciec byłby uznany za bohatera, czy za tchórza? Nigdy nie osądzałam jego decyzji. Byłoby to groteskowe. Nie miałam ochoty na to, by zostać Pawką Morozowem. Najchętniej byłabym obrońcą ojca, ale rodzina w tej roli nie wypada wiarygodnie. Nie wierzę też, że »historia sprawiedliwie go oceni«, jak często słyszę. Już zawsze na temat konieczności wprowadzenia stanu wojennego zdania będą podzielone"[39].

Dla mnie gdyby ojciec nie wziął wtedy na siebie odpowiedzialności, byłby dezerterem. Ale nie stawałby dzisiaj przed sądem.

[39] Monika Jaruzelska, *Co się stało tamtej nocy*, „Pani" nr 12/2011.

ZNAK POKOJU

Bardzo bym chciała, aby po tych wszystkich latach doszło wreszcie do symbolicznego przekazania sobie znaku pokoju. Aby wreszcie zamknął się ten rozdział, raz na zawsze! Niestety dobrze wiem, że niektórzy politycy, dziennikarze czy historycy nie dopuszczą do pojednania, bo dzięki temu mają w rękach taki magiczny samograj napędzający emocje, którymi oni z kolei mogą sterować.

Kilka lat temu w telewizyjnym programie Tomasza Lisa doszło do spotkania rodzin ofiar górników z kopalni Wujek z moim ojcem. Oni szczerze opowiedzieli o swoim bólu i stracie. Ojciec tłumaczył swoje dramatyczne decyzje.

Mogło wówczas dojść do historycznego *katharsis*. Niestety w programie brał też udział polityk, niedoszły „premier z Krakowa" Jan Rokita, który udaremnił próbę pojednania. Protestował przeciwko „podawaniu ręki zdrajcy".

Adama Michnika lubię i cenię.
Tu na przyjęciu u ambasadora Rosji Jurija Kaszlewa.
Odpieprzcie się od redaktora!

ODPIEPRZ SIĘ OD GENERAŁA

Zaczęło się od wydanej we Francji książki ojca[40]. Potem była jej promocja na rynku francuskim. I w kwietniu 1992 roku zadzwoniła Krysia Mierzejewska z wiadomością, że obaj z Adamem Michnikiem zostali zaproszeni do popularnego programu telewizyjnego na rozmowę. Program nazywał się „La Marche du Siècle" (Marsz wieku), a prowadził go Jean-Marie Cavada. Konwencją przypominał emitowany dużo później w polskiej telewizji program „Wybacz mi". Na antenie spotykali się kat z ofiarą i miało dojść do spektakularnego pojednania. Tuż przed rozmową z ojcem i Adamem omawiano problem kazirodztwa. Wystąpiła córka ze swoim ojcem, któremu wybaczała, że ją zgwałcił... Więc zestawienie gości dosyć dziwne. W pewnym momencie zastanawialiśmy się, czy na pewno trafiliśmy pod dobry adres. Ale w Polsce zapamiętano zupełnie inną sytuację.

Konfrontacja kata Jaruzelskiego z ofiarą Michnikiem miała stać się najważniejszą atrakcją tego odcinka programu. Do studia telewizyjnego

---

[40] *Les chaines et le refuge. Memoires. Suivis d'une entretien avec Adam Michnik* (Kajdany i schronienie. Wspomnienia. Uzupełnione rozmową z Adamem Michnikiem), Edition J.C. Lattès, Paryż 1992.

przyjechała grupa polskich dziennikarzy z wyróżniającą się już wtedy Moniką Olejnik. Zaczęli zadawać pytania, coraz ostrzejsze, a wszystko działo się poza wizją. Na środku studia rozgrywał się kolejny rodzinny dramat, natomiast z boku, pomiędzy widownią, gdzie siedzieli ojciec z Adamem, a grupką dziennikarzy zaczęła się toczyć całkiem inna historia. Nadszedł moment, że nasi panowie mieli wchodzić na wizję. I wtedy padły słynne słowa: „Odpieprz się od generała..." – do jednego z polskich dziennikarzy.

Ta sytuacja została nagrana. Można ją obejrzeć na YouTube. Adamowi właśnie instalują mikrofon i słuchawki, już nie ma czasu na przepychanki. Ten zwrot wypowiedziany był żartem, w drugim rzędzie siedzę ja z Krysią Mierzejewską i też się śmiejemy – co widać na filmie.

Ale poszło lotem błyskawicy w Polskę i funkcjonuje do dzisiaj. Obecnie jako sygnał dany przez Michnika do rozpoczęcia segregacji środowiska dziennikarskiego na tych złych i dobrą resztę.

Kilka lat temu w jednym z wywiadów powiedziałam, że chciałabym, aby Gustaw wyrósł na kogoś tak odważnego i intelektualnie niezależnego jak Adam Michnik. Podobno pojawiły się plotki o domniemanym ojcu Gucia... Na szczęście mój syn jest bardzo podobny do swego ojca Fedka.

Była też i taka sytuacja, że Kuba Wojewódzki zaprosił Adama do swojego programu telewizyjnego. I ku mojemu zdziwieniu Adam to zaproszenie przyjął. W czasie rozmowy wywiązała się między nimi polemika w sprawie mojego ojca. Kuba stwierdził, że jedyne, co się generałowi udało, to córka...

Chyba nigdy wcześniej nie miałam tak ambiwalentnego odczucia. Komplement w stosunku do mnie odebrałam jednocześnie jako rodzaj obelgi wobec ojca.

KOT, KACZKA, KACZYŃSKI

Umówiłam się pewnego razu na późny biznesowy lunch z wykształconym, obytym w świecie znajomym. Po kilku minutach zdawkowego small talku o przedświątecznych korkach niefortunnie zwierzyłam się, że w ciągu ostatnich miesięcy zmarły dwie moje bliskie przyjaciółki, a kilka dni temu straciłam ukochanego kota. Mój rozmówca, wbijając rzeczowo sztućce w pasztet cielęcy, stwierdził od niechcenia: „Ja bym tam chciał, żeby mój kot już zdechł. Znudził mi się". A kiedy rzucił się drapieżnie na pieczoną kaczkę, pomyślałam, że lepszego dialogu pomiędzy melancholijnym neurotykiem a socjopatą nie wymyśliłby nawet Woody Allen.

Poczułam nagły przypływ sympatii dla Jarosława Kaczyńskiego. I to bynajmniej nie z powodu pieczonej kaczki, tylko kota. Przypomniałam sobie, jak walczył o życie swojego Alika, który tak jak mój Filipek chorował na nerki. Ani jednego, ani drugiego nie udało się uratować. Miłość do zwierząt jest ponad podziałami!

A tak na serio, to paradoksalnie ojciec wiele Jarosławowi Kaczyńskiemu zawdzięcza. W czasie gdy ten sprawował władzę, chciał ojca zdegradować i pisał, że Jaruzelski powinien stanąć przed plutonem egzekucyjnym. Reakcja na to była zaskakująca – nigdy wcześniej nie spotykałam się z przejawami tak dużej sympatii. Wiele osób, nawet nieznanych, pytało o ojca, prosiło, żeby go pozdrowić.

JAK SEKRETARZ Z PISARZEM

Jako córka swego ojca poznałam ministrów obrony, marszałków, szefów Układu Warszawskiego. Natomiast z pierwszych sekretarzy znałam tylko jednego, Jaruzelskiego, bo Edwarda Gierka nie miałam okazji spotkać osobiście.

Za mojego dzieciństwa i młodości w ZSRR pierwszymi sekretarzami byli Leonid Breżniew, Jurij Andropow i Konstantin Czernienko. Ich także nie znałam. Nigdy też nie słyszałam w domu entuzjastycznych opinii na ich temat. Prędzej dowcipy o Breżniewie, który raczej nie słynął z ogłady towarzyskiej. O Rosjanach mówiło się w różnych środowiskach, używając mało pochlebnych określeń: „kacapy", „kałmuki", „Ruscy" lub „Moskale". Ludzie nastawieni opozycyjnie najczęściej używali określenia „Sowieci". Natomiast w domach wojskowych używano zwykle jednego słowa – „Radzieccy". No więc Radzieckich na stanowiskach sekretarzy nie miałam okazji poznać. Z jednym wyjątkiem, który na stałe wpisał się w karty historii jako ten, który wprowadził pierestrojkę. Michaiła Gorbaczowa.

Wcześniej słyszałam o nim entuzjastyczne wypowiedzi ojca. Po spotkaniach często obaj powtarzali, że nawiązali świetny kontakt – *my druzja jedino-*

myszlenniki[41]. Gorzej było z mamą. Przyzwyczajona do bycia królową wśród małżonek, nagle została skonfrontowana z Raisą – silną, ładną i elegancką kobietą.

Poznałam Gorbaczowa w latach dziewięćdziesiątych, gdy w Rosji najwyższy urząd piastował już Borys Jelcyn. Ojciec akurat przebywał w szpitalu na Szaserów, po wypadku, kiedy to został uderzony w twarz kamieniem[42]. Gorbaczow przyjechał wówczas do Warszawy i postanowił go odwiedzić. Przyszedł, kiedy siedziałam przy łóżku taty. Natychmiast wzbudził moją sympatię. Urzekło mnie jego niezwykłe ciepło. Bardzo uważny jako człowiek, utrzymywał kontakt wzrokowy, potrafił słuchać, żywo interesował się drugą osobą podczas rozmowy. Po dwudziestu minutach postanowiłam obu panów zostawić samych, widząc, że są spragnieni przyjacielskiej pogawędki.

Po jakimś czasie oboje z ojcem zostaliśmy zaproszeni na kolację. Gościł tam również popularny rosyjski pisarz Wiktor Jerofiejew[43]. Miał też być Adam

---

[41] Jesteśmy przyjaciółmi tak samo myślącymi.

[42] 11 października 1994 roku generał Wojciech Jaruzelski podczas wieczorku autorskiego we Wrocławiu podpisywał swoją książkę. Został wtedy uderzony przez Stanisława Helskiego, rolnika rencistę, w twarz kamieniem. Po zmiażdżeniu kości policzkowej generał musiał przejść operację. Nie chciał wnieść oskarżenia; zostało wniesione z urzędu. Stanisław Helski otrzymał wyrok dwóch lat w zawieszeniu i 200 zł grzywny.

[43] Wiktor Jerofiejew – jeden z czołowych współczesnych pisarzy rosyjskich, autor takich książek jak *Rosyjska piękność*, *Mężczyźni*, *Encyklopedia duszy rosyjskiej*, *Dobry Stalin*. Jest synem radzieckiego dyplomaty i osobistego tłumacza Stalina na francuski, Władimira Jerofiejewa.

Michnik, ale coś mu wypadło i nie dotarł. W pewnej chwili rozmowa ojca z Jerofiejewem zeszła na Gorbaczowa. Po czym Jerofiejew wyjął komórkę i zadzwonił do Gorbaczowa, mówiąc do słuchawki: „Michaile Siergiejewiczu, właśnie obok mnie stoi Wojciech Władysławowicz..." – i przekazał telefon ojcu.

To chyba nie był przypadek, że akurat Wiktor Jerofiejew odegrał na tym spotkaniu rolę pośrednika. Scena była w pewnym sensie symboliczna. Bo można by uznać Jerofiejewa za ambasadora spraw polsko-rosyjskich. Syn dyplomaty radzieckiego, miał żonę Polkę, a jego syn ma obywatelstwo polskie. Doskonale rozumie nasze problemy i bolączki. Jest jednym z niewielu, którzy w Polsce bronią Rosjan, a w Rosji Polaków. Adam Michnik lubi mówić o sobie, że jest antysowieckim rusofilem. Wiktora Jerofiejewa chyba można uznać za antysowieckiego Rosjanina polonofila. Niezwykle sobie cenię jego esej *Gdybym był Polakiem*[44], gdzie zawarł kwintesencję naszych bolesnych relacji.

Pisze tak: „W Rosji od czasów chruszczowowskiej odwilży do zwycięstwa »Solidarności« obraz Polaka był szczególnie pociągający. Całe pokolenie chowało się na miłości do Polski jako kraju, któremu zawdzięczaliśmy zachodnie wartości (film, jazz, teatr). Szczególnie chętnie kupowano polski miesięcznik dla zagranicy »Polska«. Rosjanie szukali w Polsce Zachodu, a znaleźli sympatyczny kraj, odważny, z poczuciem humoru i ironii. Każda ład-

[44] Wiktor Jerofiejew, *Gdybym był Polakiem*, „Rzeczpospolita", 30 maja 1995.

na rosyjska dziewczyna twierdziła, że jej babka była Polką. Mityczna polska babcia była nie tylko bardzo piękna, ale i zdecydowanie arystokratyczna. Niestety, wszystko to powoli odchodzi w przeszłość".

Esej pisał w 1995 roku. Od tego czasu wiele się zmieniło, Polak dla Rosjanina przestał być zupełnie pociągający. Niemal wszystko odeszło w przeszłość. Szczególnie proroczo z dzisiejszej perspektywy oskarżeń o zamach w Smoleńsku brzmią następujące zdania:

„Gdybym był Polakiem, myślałbym, że Rosjanie nie robią nic innego, tylko myślą o Polsce. O tym, jak nas na nowo najechać". Podczas gdy „Niepokój Polaków w sprawie politycznej suwerenności [Rosjanie] kwitują ironicznym grymasem: a niby do czego jesteście nam potrzebni?". No właśnie, do czego?

A z Michaiłem Gorbaczowem ojciec do dzisiaj pozostaje w serdecznym kontakcie.

MICHAIŁ, MICHAIŁ

Bardzo ważną postacią w moim rozwoju muzycznym był Andrzej Rosiewicz. Gdy miałam dziesięć lat, od mamy dostałam w prezencie jedną z jego pierwszych płyt nagranych z zespołem jazzowym Asocjacja Hagaw. Znałam te piosenki na pamięć. Chorowałam akurat na odrę, piekły mnie oczy i już nie miałam siły czytać, więc na okrągło słuchałam tej płyty, ucząc się słów. A piosenki były szczególne. Najbardziej lubiłam *Balladę masochisty*.

Biczem długim rzemiennym,
w grube supły wiązanym
sprawiam sobie niezmiennie
straszne cięgi co rano,
puchną pręgi jak węże
i sinieją boleśnie.
Tryska krew na kafelki w łazience...
cudownie la la la...[45]

Ten humor rodem z Monty Pythona połączony z brzmieniem nowoorleańskiego jazzu i gło-

---

[45] Andrzej Rosiewicz & Asocjacja Hagaw, *Ballada masochisty*, wyd. Muza 1975.

sem Rosiewicza zachwycał. Kolejne lata to były kolejne jego przeboje – zawsze pełne humoru.

W latach osiemdziesiątych poznałam go osobiście. U kogoś ze znajomych na prywatnym spotkaniu, gdzie pojawił się z gitarą. Siedziałam zasłuchana i prosiłam go, by śpiewał te moje najbardziej ulubione kawałki. Był zachwycony, bo podśpiewywałam razem z nim, doskonale pamiętając słowa.

Później spotkałam Andrzeja znowu w latach dziewięćdziesiątych w Bukowinie Tatrzańskiej. Jeździliśmy na nartach, wieczorem poszliśmy na kolację z naszym instruktorem.

Andrzej Rosiewicz to postać w pewnym sensie zagadkowa. Zaśpiewał przecież w lipcu 1988 roku na Wawelu Michaiłowi Gorbaczowowi *Wieje wiosna ze wschodu*. Zaśpiewał pięknie, śmiesznie i wzruszająco. Ten występ był przełomem dla wszystkich. Bo z jednej strony radość, że pierestrojka i reformy. Z drugiej kontrowersyjne frazy jak ta: „Może wreszcie zrejterują / Stróże kłamstwa i ciemności". A na widowni w pierwszym rzędzie siedzą przecież dwaj pierwsi sekretarze KC Jaruzelski i Gorbaczow i najwyraźniej są zachwyceni.

Ten sam Andrzej Rosiewicz w 2007 roku śpiewa: „Wystarczy cztery Ziobra, / i Polska będzie dobra" – by w ten sposób zostać bardem PiS-u. No cóż, kto za PRL-u był ważny i stracił tę popularność w III Rzeczypospolitej, zaczyna wierzyć w IV RP.

Tak wybrał. Dla mnie na zawsze zostanie autorem ukochanych przebojów dzieciństwa.

DANUTA WAŁĘSA

W ostatnim czasie sensację wywołała książka Danuty Wałęsy *Marzenia i tajemnice*. Pisze w niej o wielkiej samotności, którą odczuwała jako żona przywódcy Solidarności, opozycjonisty i zaangażowanego polityka.

W pierwszej chwili poczułam ogromną sympatię dla pani Wałęsowej, pomyślałam, że jest mi bliska, bo sama też wielokrotnie odczuwałam ten rodzaj samotności. Mamy podobne doświadczenia w tym sensie, że dla mojego ojca również polityka była ważniejsza od rodziny.

Gdy czytałam jednak kolejne fragmenty książki, moje odczucia zaczęły się zmieniać. Pomyślałam, że częstą postawą żon polityków, dygnitarzy i biznesmenów jest pretensja do mężów o brak czasu dla rodziny. A jednocześnie te panie korzystają ze wszystkich apanaży wynikających z roli, jaką ten mężczyzna odgrywa w świecie, a nie w życiu rodziny. W tej sprawie jestem solidarna z Lechem Wałęsą, czym pewnie narażę się wielu kobietom.

Pani Danuta nie byłaby tą Danutą, którą jest obecnie, gdyby nie działalność Lecha. Nie odbierałaby Nagrody Nobla, nie poznałaby tych wszystkich wielkich ludzi, nie byłaby tak szanowana. Jako żona emerytowanego elektryka mieszkałaby dzisiaj w jakimś komunalnym bloku, być może pełna pretensji do męża, że nic w życiu nie osiągnął.

Sądzę, że człowiek, który jest atakowany, o którym pisze się złe książki, rozpowszechnia plotki o agenturalności, nie powinien dodatkowo jeszcze obrywać od żony, nawet jeżeli nie był najlepszym mężem. Współczuję pani Wałęsowej, że czuła się samotna. Lecz nie można tego oddzielić od faktu, że stała się teraz gwiazdą kosztem męża, który oprócz samotności zapewnił jej duży prestiż i dobrobyt.

Dlatego po lekturze rozmowy Janiny Paradowskiej z Lechem Wałęsą pod znamiennym tytułem *Kupię jej ten kwiatek* w „Polityce" (z 11 kwietnia 2012 roku) na swoim blogu napisałam list otwarty do legendy Solidarności, który potem zacytował na swoich łamach „Newsweek".

Mąż Stanu czy Mąż Danuty?
Do Prezydenta Lecha Wałęsy

Szanowny Panie Prezydencie, ja jako obywatelka
Rzeczpospolitej Polskiej zwracam się do Pana
z ogromną prośbą:
Proszę już nie komentować książki Pańskiej Małżonki.
Proszę się nie tłumaczyć. Tak jak Danuta Wałęsa miała
prawo do swojej historii, tak Pan jako Mąż Stanu
ma prawo do godnego w tej sprawie milczenia.
Proszę nie wdawać się w kuchenne dywagacje
na poziomie „M jak Miłość": kochał – nie kochał?
Proszę nie reagować na infantylne rozważania
w sprawie kupowania żonie kwiatów. Nie za to,
Panie Prezydencie, oceni Pana historia.
Proszę też o wybaczenie, za być może zbytnią poufałość,

ale wynika ona ze szczerej sympatii i szacunku dla Pana. Proszę też przyjąć najserdeczniejsze życzenia Spokojnych Świąt dla całej Pańskiej Rodziny.

Z poważaniem
Monika Jaruzelska

FEMINIZM

Jako feministka uważałam, że Izabela Jaruga-Nowacka[46] powinna była zostać kandydatem lewicy na prezydenta. Nie została. Co więcej, zginęła feralnego 10 kwietnia 2010 roku, pozbawiając polski feminizm ludzkiej twarzy. Bardzo pięknej twarzy. Bez żeńskiego szowinizmu, agresji i obsesji. Dziś wszystko się radykalizuje. A mnie coraz trudniej identyfikować się z celebrytkami feminizmu. Tym bardziej że coraz wyraźniej widać, iż społeczeństwo dzieli się w znacznej mierze na bogatych i biednych, a nie na kobiety i mężczyzn.

Po obejrzeniu Manify 2012 napisałam pół żartem, pół serio na swoim blogu tekst pod tytułem *Seksmisja*.

„Feminizacja języka to wynik przesadnej politycznej i obyczajowej poprawności. Sztuczna nowomowa. Dla filolożki to wzbogacenie ojczystej mowy, walka z dyskryminacją na poziomie gramatyki. Dla filologa to kastracja języka z godności męskiej końcówki i wieloletniej tradycji. Psycholożki, ginekolożki, socjolożki już na dobre zadomowiły się w języku mediów.

---

[46] Izabela Jaruga-Nowacka – polityk, posłanka na Sejm, przewodnicząca Unii Pracy i Unii Lewicy, wicepremier w rządzie Marka Belki, zginęła w katastrofie rządowego tupolewa pod Smoleńskiem.

I co dalej? Z Polską mamy spokój. Nasza ojczyzna ma nazwę politycznie słuszną (rodzaj żeński). Nie trzeba też będzie zmieniać nazw głównych polskich rzek: Wisła, Warta, Odra... uff. Gorzej z południową częścią kraju. Tam aż roi się od seksistowskich nazw. Kasprowy Wierch brzmi patriarchalnie, wręcz fallicznie. Pewnie już radne z Podhala przygotowują postulat umożliwiający zmianę nazwy na Kasprową Górę. A Giewont? Jeszcze gorzej. A może by tak Giewoncina? Końcówka -ina nie tylko, że żeńska, to jeszcze nawiązująca do starej góralskiej gwary i pięknego rzeczownika »gaździna«. I w ten oto sposób nowoczesność spotkałaby się z tradycją.

A tak na serio. Kilka lat temu na jakimś bankiecie Kazia Szczuka powiedziała mi, że nie jestem prawdziwą feministką, bo mój feminizm jest patriarchalny i bierze się z identyfikacji z ojcem, czyli mężczyzną, a co gorsza – wojskowym. Nie było w tej uwadze nic politycznego. Kazia ma towarzyski wdzięk, jest dowcipna i, co też nie jest bez znaczenia, bardzo ładna, a jednak lekko zapachniało sekciarstwem. Patrząc na wczorajszą Manifę, z której wieloma hasłami się zgadzam, miałam smutną refleksję, że feminizm kojarzyć się będzie z fundamentalizmem, agresją i brakiem tolerancji dla innych opcji.

Kto szuka sprzymierzeńców, wygrywa, kto szuka wrogów, tylko walczy...

To pisałam ja:
feministka i filolog".

JÓZIE

Lubię co jakiś czas wracać do *Ferdydurke* Gombrowicza. I widzę, że ta opisana przez niego niedojrzała męskość, zachodnia w samej swej naturze, dzisiaj rozkwita na feministycznej glebie. A nasi przerośnięci Józie śmieją się z nas, kobiet, w sytuacjach, kiedy sobie z czymś nie radzimy.

Najlepiej zauważalny jest ten problem na granicy zderzenia kultur. Kiedy byłam w Egipcie na nurkowaniu, zdarzyła się z pozoru błaha, acz symptomatyczna sytuacja. Wypływaliśmy w morze łodzią i w pewnym momencie trzeba było przejść przez trap. Nadeszła mocna fala, trapem kołysało, tak że miałam problem z przedostaniem się na drugą stronę. Obok przechodzili biali mężczyźni, zupełnie na to nie zwracając uwagi. Dopiero Egipcjanin zauważył moje wahanie i wrócił, by pomóc. Podobną sytuację przeżyłam na Krecie. Po dłuższym nurkowaniu miałam kłopot ze zdjęciem obcisłego skafandra. Byłam tak zmęczona, że mięśnie odmawiały posłuszeństwa. A trzech nurkujących ze mną mężczyzn – mój chłopak, Nowozelandczyk i Anglik – zrobiło sobie z tego niezłą zabawę. Był z nami również Grek, taki klasyczny łysy samiec ze złotym łańcuchem na szyi i owłosionym niczym małpa torsem. Wziął szlauch do spłukiwania sprzętu i włożył mi w nogawkę, żeby rozpulchnić gumę skafandra. Z pewnością był samcem, który jak huknie w domu, to mu nikt nie podskoczy. A jednocześnie w kobiecie widział kobietę, a nie koleżankę z klasy, z której można się pośmiać. No cóż, coś za coś.

MARIA KACZYŃSKA

W ostatnich dniach kampanii wyborczej na prezydenta, wygranej ostatecznie przez Lecha Kaczyńskiego, w „Dzień Dobry TVN" nagrano program z kandydatkami na pierwsze damy. A mnie poproszono, żebym powiedziała kilka słów na wstępie – kim jest pierwsza dama. Mówiłam o postaciach historycznych, ich roli w kontekście socjologicznym, na przykład o Annie Eleonorze Roosevelt czy Jackie Kennedy. Jako stylistka za zadanie miałam opowiedzieć, dlaczego ich wygląd miał tak duże znaczenie.

Występowałam pierwsza, a w garderobie były w tym czasie malowane: Maria Kaczyńska, Małgorzata Tusk i Halina Borowska. Kiedy skończyłam, puszczono reklamy. Panie miały wchodzić na plan zaraz po nich.

Jedyną osobą, która w tej przerwie do mnie podeszła, była Maria Kaczyńska. Chwyciła mnie obiema rękami za dłoń, potrząsnęła nią i powiedziała: „Bardzo dobrze, bardzo dobrze!". Jakby była bliską osobą, która właśnie obserwowała mnie podczas występu i martwiła się, czy nie za bardzo jestem zdenerwowana. Nie wiedziałam, na ile ta sytuacja była przypadkowa i czy w ogóle mnie rozpoznaje. A jednocześnie miałam takie poczucie, że ona jedyna w tej sytuacji zachowała się jak Pierwsza Dama. Że miała taki odruch Królowej Ludzkich Serc.

Drugi raz spotkałam panią Marię na uroczystości rozdania Srebrnych Jabłek dla najlepszych par wybranych przez czytelników miesięcznika „Pani". Para prezydencka wówczas zwyciężyła. Bankiet odbywał się w Pałacu Prymasowskim, gdzie zostałam posadzona w niedalekim sąsiedztwie stolika Marii Kaczyńskiej. Ponieważ na sali nie wolno było palić, wychodziłam na papierosa do kuluarów. Kiedy za którymś razem wracałam, Maria Kaczyńska odwróciła się, bo siedziałyśmy do siebie bokiem, i znowu wykonała ten ciepły gest z dwiema dłońmi chwytającymi moją. Przy tym powiedziała: „Dzień dobry, pani Moniko, ja często o pani myślę. Jak pani musiało być ciężko...". Potem westchnęła i dodała: „Jak nam wszystkim było ciężko... I tak myślę o Marcie, jak sobie z tym wszystkim poradzi?".

Te zdania, choć wypowiedziane w ramach small talku, zrobiły na mnie duże wrażenie. Tym bardziej były ważne i poruszające, że wypowiedziane zostały w czasach największej nagonki PiS-u na mojego ojca. Pamiętam falę naturalnej sympatii, którą do niej poczułam.

Potem znowu wyszłam na papierosa i stałam akurat z pisarzem Januszem L. Wiśniewskim, gdy w asyście ochrony pani Maria wychodziła. Właściwie już nas minęła, kiedy kątem oka zobaczyła, że stoję. Zatrzymała się i powiedziała: „Nie wolno palić, ja rzuciłam, to niezdrowe". I znowu mi podała rękę, ale ten gest już był w jakiś sposób oficjalnie znaczący. Przy stole, podczas pierwszego kontaktu, panował półmrok. W tej drugiej sytuacji sporo osób widziało, że zatrzymuje się specjalnie przy mnie, aby podać mi rękę.

I tak sobie myślę – że pani Maria była dowodem na to, iż można różnić się poglądami, ale przede wszystkim jest się człowiekiem.

Trzy miesiące po katastrofie smoleńskiej, kiedy mój ojciec leżał ciężko chory w szpitalu, bo ciągle zapadał na zapalenia płuc, przyjechałam z Mazur, by odwiedzić go w same urodziny. Powiedział mi wtedy: „A wiesz, kto u mnie był? Brat pani Marii Kaczyńskiej. Przyszedł mnie odwiedzić, bo przyjechał do pani Jadwigi Kaczyńskiej, matki Lecha i Jarosława".

Brat pani Marii niedawno zmarł[47] – i Marta Kaczyńska powiedziała, że straciła kolejną bliską osobę.

[47] Pułkownik dr inż. Konrad Mackiewicz – oficer LWP, wieloletni pracownik Instytutu Technicznego Wojsk Lotniczych; zmarł w październiku 2012 roku.

NA SZUCHA

Urodziłam się, kiedy rodzice mieszkali przy placu Na Rozdrożu, a babcia ulicę dalej. Zawsze czułam się mocno związana z tą częścią Warszawy, obecną w literaturze dwudziestolecia międzywojennego, naznaczoną historią i po prostu bardzo piękną. Dzisiaj też mieszkam w tej okolicy, w modernistycznej kamienicy wybudowanej w latach trzydziestych, podobno z inicjatywy marszałka Józefa Piłsudskiego. Przed wojną mieszkał tu premier Walery Sławek[48] i tu w 1939 roku popełnił samobójstwo. Po wojnie zamieszkali w tej kamienicy między innymi Stefan Kisielewski[49] i Mira Michałowska[50].

---

48 Walery Sławek – trzykrotny premier II RP, wcześniej działacz PPS i OB PPS, bliski współpracownik Piłsudskiego, po przewrocie majowym lider tak zwanej Rady Pułkowników.

49 Stefan Kisielewski – pisarz, dziennikarz, kompozytor, krytyk literacki, poseł na Sejm w Kole „Znak", głośny felietonista „Tygodnika Powszechnego".

50 Mira Michałowska – pisarka, dziennikarka, satyryk i tłumaczka literatury amerykańskiej, w tym Ernesta Hemingwaya i Edgara L. Doctorowa, autorka scenariusza popularnego serialu telewizyjnego *Wojna domowa*.

Moje mieszkanie kupiłam od rodziny generała Leszka Krzemienia[51], którego w wojsku nazywano „generał minerał". Co ciekawe, ten dom znałam już jako dziecko. Przypomniała mi to mama. Tu mieszkał profesor Marian Garlicki, doskonały ortopeda, z którym rodzice byli zaprzyjaźnieni. Kiedyś byliśmy u niego na przyjęciu. Żona profesora robiła wspaniałe torty orzechowe, a profesor zabawiał gości sprośnymi piosenkami. Ich mieszkanie zapadło mi głęboko w pamięć. Kojarzyło mi się z wielkim światem, budziło nieznaną tęsknotę. Pamiętam do dziś jego piękny wystrój. I po latach kamienica z dziecięcych marzeń do mnie powróciła.

Ten wybudowany dla zaufanych ludzi Józefa Piłsudskiego budynek sąsiaduje teraz z pomnikiem Romana Dmowskiego. To prawdziwy chichot historii. 11 listopada podczas okolicznościowych demonstracji robi się tutaj gorąco i głośno. W zeszłym roku z ciekawości dołączyłam do skandującego tłumu i poczułam jego wielką siłę. Siłę, której nie można już lekceważyć.

Choć historia lubi się powtarzać, nie zostanę chyba na starość endekiem, mimo że był nim we wczesnej młodości ojciec.

---

[51] Generał Leszek Krzemień – zastępca szefa Głównego Zarządu Politycznego, pełnomocnik rządu PRL ds. pobytu Wojsk Radzieckich w Polsce i przewodniczący delegacji polskiej w Komisji Mieszanej.

JAK GUSTAW ZOSTAŁ GUSTAWEM

Mój syn ma imię po matce.

Jako mała dziewczynka byłam bardzo chuda, ale zawsze miałam okrągłe policzki. Dlatego zostałam Pucią. Potem z Puci zrobiła się Gucia, potem Gucio, a w końcu Gustaw. To ojciec przede wszystkim mówił do mnie „Gustaw".

Będąc w ciąży, dowiedziałam się na badaniu USG, że to chłopiec. Nie miałam wątpliwości, jak mu dam na imię. Ojciec przestał do mnie mówić „Gustaw", kiedy właśnie się urodził Gustaw.

Zdjęcie zrobił mój przyjaciel Piotr Porębski u siebie w domu. *Gustaw miał wtedy niecałe dwa lata*

SAMOTNOŚĆ

Samotność jest dla mnie czymś regenerującym, taką terapią na wszystko. Kiedy mam stres, jest mi źle – muszę pobyć sama. A kiedy jest mi dobrze, rozkoszuję się samotnością.

Teraz to prawie niemożliwe. Na szczęście Gucio jest dzieckiem, które potrafi się sobą zająć. Na pewno nie mogę czytać przy nim Dostojewskiego, ale mogę przejrzeć gazety.

Gucio zmienił moje życie. Przestałam w jakiś sposób być wolnym człowiekiem, nie mogę już myśleć wyłącznie o sobie. Na pewno muszę go brać pod uwagę przy podejmowaniu każdej życiowej decyzji. Nawet tej najdrobniejszej – jak spędzać wakacje. Ale też tych najważniejszych – czym mam się w życiu zajmować.

SZORSTKA PRZYJAŹŃ

Z pewnością stopień generalski może być dla chłopca atrakcją. Raz usłyszałam, jak Gucio chwalił się rangą dziadka w piaskownicy. Zanim ojciec zaczął ciężko chorować, czasem wpadaliśmy z synkiem do rodziców. Gustaw kilkakrotnie zapraszał też swoich kolegów, przymierzali czapki wojskowe, oglądali szable i pistolety dziadka. Pewnego razu synek zapytał: „Mamo, czy dziadek niedługo umrze?". „Dziadek jest stary, ale mam nadzieję, że będzie żył jak najdłużej" – odpowiedziałam. „A dlaczego pytasz?". „Bo mi powiedział, że jak umrze, to dostanę jego szablę"... Ojca też to szalenie rozbawiło. Weszło w kanon naszych domowych anegdot.

Ojciec wnuka kocha, lecz po swojemu. Jako zatwardziały pesymista zawsze znajdzie powód, żeby się martwić i coś skrytykować. Kiedy Gucio jak każde normalne dziecko biegał szybko po ogrodzie, mówił: „Może powinnaś z nim pójść do psychologa? Czy on nie ma ADHD?". Kiedy cieszyłam się, że Gucio dobrze je, ojciec stwierdzał: „Moniczko, on już skończył pięć lat. Czy musi tak trzymać łyżkę jak drwal siekierę?". Gucio ma silny charakter, więc zaczynał ostro reagować. Na uwagę dotyczącą trzymania łyżki zwrócił się do mnie również w trzeciej osobie: „Mamo, czy dziadek zawsze musi mnie tak upokarzać?"...

Bywa wobec dziadka niegrzeczny. Po jednej z wizyt u rodziców spytałam go, dlaczego tak się źle zachowuje. A on na to: „Bo bardziej kochasz dziadka niż mnie. A jak dziadek jest w telewizji, to jesteś smutna i nie można się do ciebie odezwać". Wtedy zrozumiałam, że kolejny krok muszę wykonać ja sama – to znaczy bardziej stać się matką, niż byłam córką do tej pory. A ten młodszy mężczyzna odczuł silną potrzebę zaznaczenia swej tożsamości.

PRAGMATYK

W wieku pięciu lat poszedł Gucio po raz pierwszy do dentysty. Kiedy znalazł się w gabinecie i zobaczył lampy świecące prosto w oczy, wielki fotel, na którym należy usiąść, i całe oprzyrządowanie niczym w sali tortur, zaczął protestować. Oświadczył kategorycznie, że natychmiast wychodzi. Podeszła pani stomatolog, widać, że z dużym doświadczeniem, doskonale wiedząca, jak należy obchodzić się z dziećmi, i spytała szalenie pogodnie: „No czeeeść, jak masz na imię?". Na co Gustaw odpowiedział z poważną miną: „A jakie to ma znaczenie w tej sytuacji?".

Nigdy nie wierzył w Świętego Mikołaja. Nigdy też nie chciał bawić się pluszakami. Kiedyś dostał w prezencie misia. Odłożył bez entuzjazmu. Powiedziałam: „Ale misiowi będzie przykro". Wzruszył ramionami i stwierdził: „Przecież on nie ma organizmu".

Lubi matematykę. Podnieca się, jak coś przelicza, na przykład ile już przejechaliśmy kilometrów. Zapisał się na kółko matematyczne.

Jego pragmatyzm bardzo mi imponuje i cieszę się, bo w dzisiejszych czasach ścisłowcy mają lepsze perspektywy.

GUSTAW ZAWODOWIEC

Kiedy Gustaw miał trzy lata, poszedł ze mną na przyjęcie do Agnieszki Lasoty, mojej przyjaciółki. Było to szykowne pępkowe z okazji narodzin jej córki Gabrysi. Eleganckie towarzystwo, w większości dorośli. Jednemu ze znajomych Gustaw się przedstawił jako lekarz wojskowy. Wywołało to falę wesołości, a ja zrozumiałam, że mój syn w ten sposób identyfikował się zarówno z zawodem dziadka, jak i swojego taty. Dzisiaj nie chce zostać ani wojskowym, ani lekarzem.

DZIEŃ BABCI I DZIADKA

U Gucia w przedszkolu przygotowywano imprezę z okazji Dnia Babci i Dziadka. Miałam problem, zastanawiałam się, co zrobić, bo Gucio nie zdawał sobie jeszcze sprawy z tego, jak duże zainteresowanie budzi jego dziadek – że będzie sensacją w przedszkolu. Poza tym wszyscy dziadkowie byli dużo młodsi, więc mogli siedzieć na malutkich krzesełkach. A moi rodzice, jakby usiedli, to mogliby już nie wstać. Mój stres z pewnością udzieliłby się Guciowi. Była jeszcze kwestia jego wady wymowy.

Poszłam więc do wychowawczyni, młodej, ale bardzo mądrej dziewczyny. Powiedziałam jej szczerze, w czym problem. I spytałam, czy nie lepiej zabrać w ten dzień syna z przedszkola. Odpowiedziała, że to mój stres, a Gucio tego nie czuje. Poczułby natomiast, gdyby miał nie wystąpić. A poza tym prędzej czy później i tak przyjdzie moment, że będzie musiał się z problemem skonfrontować. Lepiej więc teraz, kiedy jest jeszcze mały. I tak też zrobiliśmy.

Dziadka poinstruowałam, że ma mówić, iż wszystko rozumie z Gucia recytacji. Synek bardzo się starał, ćwiczył długo repertuar. A dzień przed przedstawieniem wypadł mu ząb. Martwił się, że teraz to dziadek na pewno go nie zrozumie.

No i nadszedł ten dzień. Dziadkowie przyszli, siedli, zaczęło się przedstawienie. Gustaw, który lubi mieć dłuższe włosy, stara się jak może, napięcie pokrywa nonszalancją, sepleni bez zęba... A ja wiem, co widzi jego dziadek – chłopca w nieprzepisowej fryzurze, stojącego w pozycji niedbałej. Obok stoi Antoś, chłopczyk w białej koszuli z krawatem, taki pionier, *ruki po szwam*, recytuje rytmicznie. Owszem, dziadek wiedział, że ma chwalić Gucia, i chwali. Ale pyta jednocześnie: „A kto to ten chłopiec, który stał koło ciebie? Taki blondynek, który tak ładnie recytował?". Gustaw krzywi się i mruczy: „Tobie to się nigdy nie podoba, zawsze tylko krytykujesz"...

I wszystko się powtarza.

CIERPIENIE

Z irytacją czytam w celebryckich wywiadach zbanalizowany cytat z Nietzschego: „Co cię nie zabije, to cię wzmocni". Uważam, że jest wręcz przeciwnie. To dobre doświadczenia dają nam siłę, pewność siebie i optymizm. Cierpienie ogranicza, wywołuje rysy, które wpisują się na twardy dysk naszej osobowości. I gdzieś tam pozostają, mniej lub bardziej ukryte. Gdyby miały wzmacniać, to największymi herosami winni być ludzie po Auschwitz. A nie są...

FAŁSZYWY ALARM

Przeżyłam to już kilka razy. Ktoś powiedział, że generał Jaruzelski nie żyje. Potem ktoś przesłał informację do jakiejś redakcji... jak to w plotce. Natychmiast dostaję telefony i esemesy z telewizji, radia, gazet – z prośbą o komentarz. Na początku 2013 roku znowu się to zdarzyło. Byłam na nartach w Zakopanem, wjeżdżałam akurat wyciągiem na górę. W kieszeni czułam wciąż wibrujący telefon i zobaczyłam wyświetlające się nazwiska, znamienne w takiej sytuacji: Moniki Olejnik, Jerzego Wenderlicha, Katarzyny Kolendy-Zaleskiej... Córka ma komentować śmierć ojca. Najlepiej w setce, by dołączyć ją do innych komentarzy.

Czasem przybiera to formę tragikomiczną. Na przykład kiedy dostaję z nieznanego numeru nad ranem esemesa: „Całym sercem jestem z panią. Mój tatuś też umarł w zeszłym roku". Jest powiedzmy piąta rano, więc nikogo z bliskich nie chcę budzić. Zaglądam wtedy do internetu, by sprawdzić, czy to prawda.

Oczywiście mam świadomość, że kiedyś ten moment nadejdzie... Jako córka oficera muszę wtedy stanąć na wysokości zadania.

OKO SZATANA

Internet dosyć szybko okazał się dla mnie nieprzyjemnym odkryciem. Nagle przyszło mi skonfrontować się z ciemną stroną ludzkiej natury. Zrozumiałam to, kiedy Magda Prokopowicz, prezes Fundacji Rak'n'Roll, zaproponowała mi współpracę przy projekcie *Metamorfozy*. Akcja była skierowana do kobiet chorych na raka, na przykład po amputacji piersi, i do kobiet, które straciły włosy, brwi i rzęsy. Nie dość, że były chore, to często odarte również z kobiecości, przez co skazane na izolację. W chorobliwie narcystycznym świecie, w jakim obecnie żyjemy, gdzie przede wszystkim należy dobrze wyglądać, nie chciały zwyczajnie wychodzić z domu, bo się wstydziły.

Akcja miała im pomóc to zmienić – dobrać odpowiednie peruki, nauczyć makijażu, pokazać różnego rodzaju triki stylistyczne, które można zastosować, żeby lepiej się poczuć. Po spotkaniu ze mną, z psychologiem, dietetykiem, na zakończenie te kobiety miały profesjonalną sesję zdjęciową, aby mogły zobaczyć, jak wyglądają po metamorfozie. Dostawały też w prezencie ubrania, w których wystąpiły. Dla niektórych było to niezwykle silne przeżycie, bo nigdy wcześniej tak dobrze się nie prezentowały. Mówiły nam, że przed chorobą nie przywiązywały dużej wagi do wyglądu. A teraz spojrzały na siebie z całkiem innej perspektywy. Powstał z tej akcji bardzo poruszający reportaż filmowy z chorymi kobietami w rolach głównych. Opowiadały do kamery, jak ta sesja zmieniła ich widzenie siebie.

Kilka miesięcy później film pojawił się w internecie. Obejrzałam go i zaczęłam przeglądać komentarze forumowiczów z nastawieniem, że przeczytam dużo dobrych rzeczy o tej akcji. No i przeżyłam szok, chociaż to może za duże słowo, bo jednak przez te wszystkie lata zdążyłam się do wielu rzeczy przyzwyczaić. Większość komentarzy była typu: „Milcz, czerwone nasienie!".

Nie była ważna Magda Prokopowicz, kobiety chore na raka, tylko postać mojego ojca i to wszystko, co się z nią wiąże. Wtedy dotarło do mnie, że internet jest takim okiem szatana – czasem pokazuje to, co w nas najgorsze.

Kiedyś w radiu TOK FM profesor Radosław Markowski stwierdził, że internet pozbawił go humanistyczno-oświeceniowej wiary w dobrą naturę człowieka, „szlachetnego dzikusa" Rousseau.

Dzisiaj sama zostałam blogerką. Na szczęście pod moim autorskim programem „Bez Maski" już raczej tego typu wpisów nie ma. No, chyba że akurat zbliża się 13 grudnia.

BEZ MASKI

Uczestniczę w życiu politycznym na zasadzie aktywnego obserwatora. Programy informacyjne oglądam praktycznie non stop, jestem uzależniona od internetu i czytania prasy. Kupuję prawie wszystkie tygodniki opiniotwórcze, w tym te prawicowe, jak „Do Rzeczy" i „W Sieci"[52]. Są dla mnie fascynującą lekturą. Bo dają jakieś wyobrażenie innej perspektywy, której nie wolno lekceważyć. Oceniam je bardziej z psychologicznego punktu widzenia, na zasadzie – jak można te same fakty odmiennie interpretować.

Oglądam wydarzenia polityczne niczym wielkie, wspaniałe widowisko, dramat psychologiczny z niespodziewanymi zwrotami akcji, zmianą nastroju lub światopoglądu, również jako świetną szkołę konformizmu i sztuki kłamstwa ładnie nazywanej dyplomacją. Ponieważ w polityce fascynuje mnie przede wszystkim człowiek i jego transformacje: jak pycha zamienia się w upokorzenie, a skromność w megalomanię, w zależności od sytuacji. Bo polityka ludzi obnaża. W trudnych momentach z wielkich

---

[52] Tygodnik „W Sieci" na mocy postanowienia sądu od 11 marca 2013 roku ukazuje się pod tytułem „Sieci".

nagle stają się mali i na odwrót – co może być doskonałym materiałem dla psychologa.

Dwukrotnie sama otrzymałam propozycję startu w wyborach. Nie mówię zdecydowanie „nie". Ale z pewnością nie teraz. Mam pracę, z której czerpię satysfakcję, i mam małe dziecko. Wiem, co przeżywają dzieci polityków, i zapewniam, że niewiele z nich jest dziećmi szczęśliwymi. A moje dziecko byłoby obciążone podwójnie – funkcją matki i historią dziadka. Wolę więc realizować się publicystycznie. Mam swój program – „Bez Maski"[53].

Pracowałam swego czasu w radiu. Najpierw czytałam swoje felietony w RMF-ie, potem miałam przez dwa lata autorski program w Chilli ZET. Gdy po zmianie kierownictwa podziękowano mi za współpracę, znany warszawski biznesmen Rafał Bauer, postać nietuzinkowa w świecie finansów, namówił mnie na projekt internetowego vloga. Na początku byłam sceptyczna. Wkrótce okazało się, że Rafał miał rację, bo robię coś, co stało się moją pasją. Soho Factory, jedno z najciekawszych miejsc na mapie stolicy, udostępniło swoje postindustrialne przestrzenie do realizacji projektu. Tak powstał mój program „Bez Maski".

To „talk" bez „show". Szczera rozmowa bez pośpiechu, konfrontacji i gwiazdorstwa. W programie ważne są empatia i umiejętność słuchania, ale najważniejszy jest gość. Osoba znana medialnie lub ekspert, z którym rozmawiamy o psychologii, an-

[53] Program „Bez Maski – rozmowy Moniki Jaruzelskiej", realizowany wspólnie z Soho Factory, dostępny jest w internecie pod adresem www.bezmaski.pl.

tropologii kultury i o tym, co ostateczne, jak życie i śmierć. Bardzo interesuje mnie człowiek, który jest w trudnym momencie, na zakręcie lub gdy stał się bohaterem skandalu obyczajowego. W moim programie nie ściągam nikomu maski, daję rozmówcom możliwość, aby sami chcieli ją zdjąć. Moimi gośćmi byli między innymi Piotr Tymochowicz, profesor Wiesław Godzic, Monika Richardson, profesor Jerzy Bralczyk, Krzysztof Ibisz, Anna Grodzka, Magda i Bartek Prokopowicz.

Program idzie w internecie, który w przeciwieństwie do telewizji daje możliwość bycia sobą, a więc dużą przestrzeń wolności. Nie mam szefa, nikt mi nie mówi, kogo mam zaprosić, i nie słyszę w słuchawce, że trzeba kończyć. Od dyrektora Edwarda Miszczaka z TVN-u usłyszałam kiedyś, że do telewizji jestem zbyt kulturalna. Oczywiście oznacza to po prostu – nudna. A więc wolę nudnie realizować się w internecie. Przez popularność łatwo można stracić wiarygodność.

POLSKA OBURZONA

Nie mam zdeklarowanych poglądów. Myślę i na bieżąco weryfikuję swoje zdanie. Poglądy wydają mi się jedynie próbą racjonalizacji naszych emocji, które chcemy uargumentować. Im silniejsze emocje, tym bardziej radykalne poglądy.

Dziś politycy wydają się bezradni wobec tego, co najważniejsze: kryzysu, naszych przyszłych emerytur, upadających szpitali i bezrobocia. Profesor Slavoj Žižek[54] ujął to najlepiej: „Dziś w Europie cała elita rządząca zdradza oznaki zupełnej bezradności. Angela Merkel gra rolę dobrej niemieckiej gospodyni domowej – jak jest ciężko, trzeba zaoszczędzić – oto cały program. My, marksiści, przez lata żyliśmy piękną paranoją, że ci, którzy z tylnego siedzenia sterują światem, raz do roku spotykają się gdzieś między Waszyngtonem a Nowym Jorkiem i decydują o naszych losach (śmiech). Straszne, ale przynajmniej mieliśmy przekonanie, że ktoś nad tym panuje. Dziś jest pew-

[54] Slavoj Žižek – słoweński filozof, socjolog i marksista, autor m.in. *Wzniosłego obiektu ideologii, Patrząc z ukosa. Do Lacana przez kulturę popularną, Przekleństwa fantazji.*

ność, że system urwał się z łańcucha i nikt nie wie, co zrobić"[55].

No właśnie, dlatego najlepiej zająć się tematyką zastępczą: gender, personalnymi konfliktami, związkami partnerskimi lub pedofilią w Kościele. Media chętnie podchwycą, jeśli ktoś się oburzy i obrazi, a my solidarnie z nim. Stajemy się fundamentalistami politycznej poprawności, rodzajem świeckiej inkwizycji lub wręcz przeciwnie. Zamiast wymagać od Sejmu i rządu zajęcia się finansami państwa, podniecamy się słowami Janusza Palikota o „gwałcie" na feministce lub brakiem odpowiedniej estymy dla mniejszości seksualnych Lecha Wałęsy. Dajemy się podpuszczać, a to, co najistotniejsze, uchodzi naszej uwadze. Pisałam o tym na swoim blogu:

„»O święta naiwności!«

(Jan Hus, 1415 rok)

Społeczny lincz, czyli medialne wyroki. Ekstaza i dolorosa, dwa bieguny emocjonalnego kiczu. Kogo batożymy, a komu wybaczamy? Czy rządzi nami chęć wymierzania sprawiedliwej kary, czy rozładowania atawistycznej agresji? Prawdziwa potrzeba zadośćuczynienia czy też naiwne poddanie się manipulacji mediów i zbiorowej histerii? Kamienowanie ladacznicy, publiczna chłosta, nabijanie na pal ku uciesze gawiedzi. Czy to ewolucja okrucieństwa tkwiącego w wielu z nas, czy satysfakcja z poczucia

[55] *Zróbmy sobie Singapur*, rozmowa Macieja Jarkowca ze Slavojem Žižkiem, „Wprost" nr 3/2013

bycia we wspólnocie popychają nas do medialnego linczu i internetowych samosądów?

Nie odpuszczamy winy naszym winowajcom (choć zdarzają się wyjątki). Wyręczamy księdza grzmiącego z ambony i sami piętnujemy grzeszników. Nie mamy kary śmierci, więc sami stawiamy szubienicę, a być może rzekomym ofiarom ołtarze. Skąd w nas ta egzaltacja i łatwość sądów? Ten pośpiech? Wydaje mi się, że nam wszystkim (mnie również) potrzebna jest chwila refleksji, czemu służy w naszej kulturze funkcja »wroga publicznego«. Dlaczego tak łatwo ferujemy wyroki, często nie znając wszystkich faktów, że o niuansach już nie wspomnę. I nie mówię tu bynajmniej o przypadkach tak ewidentnych jak oprawcy dzieci, psychopaci urywający głowę własnemu psu czy zwykli mordercy. (...) Chodzi mi o znane postaci z naszej codziennej, gazetowej, internetowej i telewizyjnej rzeczywistości. Dlaczego wierzymy Katarzynie Figurze, gdy zalewa się łzami z powodu sadyzmu jej męża, skoro niedawno wierzyliśmy, że jej partner jest idealny? Dlaczego nie poczekamy na wyrok sądu? Dlaczego szlochamy razem z gwiazdą w trakcie jej dramatycznego spektaklu rodzinnego? A nie zastanawiamy się, czy przyczyny tragedii nie były spowodowane w znacznie większym stopniu alkoholem niż zachowaniem »męża kata«. (A może jednym i drugim?)

Dlaczego wybaczyliśmy Kubie Wojewódzkiemu, a wciąż »jeździmy« po Michale Figurskim, który i tak zapłacił znacznie wyższą cenę za nieszczęsną wypowiedź w ich dawnym, wspólnym programie? Przykładów jest wiele. Choćby z mojego poprzedniego programu z Moniką Richardson. Dlaczego napiętnuje się bardziej kobietę, a nie Zbyszka Zamachowskiego, który też przecież rozbił rodzinę pewnemu brytyjskiemu pilotowi? Wystarczy poczytać internetowe wpisy, by stwierdzić, że jemu wybaczono, a jej nie. Czyżby tylko dlatego, że on siedzi tchórzliwie schowany, podczas gdy ona konsekwentnie pokazuje się publicznie, i to bez szat pokutnych? A może po prostu dlatego, że to biblijna Ewa zawsze bardziej jest winna niż bezwolny Adam?

Zatrzymajmy się na chwilę z naszymi ocenami, gdy ktoś próbuje nami manipulować, podgrzewać atmosferę, promować autobiografię lub zwiększać oglądalność. Poczekajmy, abyśmy nie poczuli się idiotycznie, że za chwilę trzeba będzie diametralnie zmienić opinię. I co tu dużo mówić: po prostu poczuć, że ktoś zwyczajnie »zrobił nas w konia«, wykorzystując nasze święte oburzenie, infantylne współczucie lub łatwowierność".

Amen

DLACZEGO?

Kiedy ma się dwadzieścia lat, naturalną potrzebą człowieka jest polaryzacja – bezkompromisowe oddzielanie czerni od bieli przy całkowitym braku tolerancji dla tego, co szare, pośrodku. A ja musiałam nauczyć się rozróżniać kolory, dostrzegając niuanse w ich odcieniach. Zasymilować ambiwalencje, by móc żyć w dwóch wrogich obozach jednocześnie. Trudna sztuka, lecz dająca umiejętność wrażliwego spojrzenia na człowieka.

Im jestem starsza, tym częściej dochodzę do wniosku, że podziały polityczne niepotrzebnie niszczą relacje międzyludzkie, nie przynosząc nikomu żadnej korzyści. Jakże jałowo wyglądają z perspektywy choroby i śmierci. Może nadejść taki czas, że dwie strony znajdą się łóżko w łóżko na tym samym oddziale onkologicznym, gdzie najważniejsze okażą się problemy z fizjologią. Tam nie ma znaczenia, z jakim transparentem szło się przez życie. Jerzy Nowosielski[56] zapytany kiedyś, dlaczego maluje, odpowiedział zupełnie normalnie: rodzimy się w celi śmierci, wyrok już zapadł, a my tylko nie znamy daty egzekucji.

---

[56] Jerzy Nowosielski – malarz, scenograf, filozof i teolog prawosławny, jeden z najwybitniejszych pisarzy ikon XX wieku.

I ten czas do chwili egzekucji trzeba czymś zapełnić. Ja akurat maluję.

Zawsze byłam przez kogoś oceniana. A sama uważam, że nie mam prawa oceniać. Mam potrzebę stawiać pytania. I dać możliwość udzielenia odpowiedzi. Myślę, że taka zdolność jest w ogóle kluczem do zrozumienia ludzi, polityki i świata.

Dlaczego – to najważniejsze z pytań.